LA PAROISSE

DE

CONGÉ-SUR-ORNE

D'APRÈS LES COMPTES DE FABRIQUE

PAR L'ABBÉ L. FROGER

MAMERS

G. FLEURY ET A. DANGIN, IMPRIMEURS-ÉDITEURS

1896

ÉGLISE DE CONGÉ-SUR-ORNE

LA PAROISSE

DE

CONGÉ-SUR-ORNE

D'APRÈS LES COMPTES DE FABRIQUE

PAR L'ABBÉ L. FROGER

MAMERS

G. FLEURY ET A. DANGIN, IMPRIMEURS-ÉDITEURS

—

1896

LA PAROISSE

DE

CONGÉ-SUR-ORNE

D'APRÈS LES COMPTES DE FABRIQUE

Congé-sur-Orne, commune et paroisse du canton et du doyenné de Marolles-les-Braults, de l'arrondissement et de l'archiprêtré de Mamers, dépendait avant la Révolution, du doyenné de Beaumont-le-Vicomte et de l'archidiaconé du Saosnois. Ce groupe administratif comprend actuellement 665 habitants, les uns, et ce sont de beaucoup les moins nombreux, réunis dans le bourg situé à l'extrémité sud de la commune, près de la rivière de l'Orne-Saosnoise, les autres disséminés à travers la campagne, où ils exploitent des fermes ou des bordages d'étendue très inégale. Le sol est généralement très fertile. La paroisse existait dès la fin du XIᵉ siècle ; elle était alors régie par un prêtre nommé Raoul (1). Là, comme en maintes localités, les biens d'église étaient tombés aux mains des seigneurs laïcs ; l'un d'eux, Jean de Congé, chevalier, et son épouse, Marie, vendirent en 1265, au chapitre Saint-Julien du Mans, le droit qu'ils

---

(1) Cf. *Cartulaire de l'abbaye Saint-Vincent du Mans*, publié par MM. l'abbé Robert Charles et S. Menjot d'Elbenne, charte 739.

avaient de percevoir le tiers des dîmes de la paroisse (1).

Il ne s'est rien conservé qui nous permette de reconnaître comment celle-ci était alors administrée. Sans être d'ailleurs autrement renseigné sur les ravages qu'y exercèrent les Anglais, de 1418 à 1448, alors qu'ils occupaient toute cette région, nous savons cependant qu'elle eut beaucoup à souffrir de l'invasion (2). Lorsque l'étranger abandonna le pays, les terres appartenant à la fabrique de Congé étaient en un tel état, que les hommes du roi préposés aux francs-fiefs, gens de loi ordinairement peu sensibles et d'oreille dure chaque fois qu'ils entendaient les doléances des contribuables, reconnurent néanmoins que, « par la fortune des Angloys qui avoit eu longtemps cours oud. conté du Mayne.... lad. paroisse (ayant été) par aucun temps inhabitée », ils n'étaient pas fondés à user de rigueur envers la fabrique de Congé (3). Cette attestation peu suspecte, donnée en 1458, était renouvelée équivalemment en 1469, quand les mêmes fonctionnaires, se basant sur ce que les terres récemment léguées à l'œuvre de l'église étaient « en ruyne et de très petite valeur », les frappaient seulement d'une taxe de quinze sols (4).

Pour avoir une idée nette et exacte de ce qu'était notre agglomération paroissiale, il nous faut arriver au dernier quart du XVᵉ siècle. Les comptes détaillés, rendus par les fabriciens à leurs commettants, en 1470 et pendant les années suivantes, ayant été retrouvés récemment dans le grenier du presbytère, nous pouvons à l'aide de ces documents, saisir sur le vif et étudier par le menu, l'organisation

(1) Cf. *Liber albus capituli*, p. 326.

(2) Cf. *L'Union historique et littéraire du Maine*, t. I, p. 216, 219.

(3) Sentence rendue par « les commissaires ordonnez par le Roy nostre sire sur le fait des francs fiefs et nouveaux acquestz...., à Fresnay-le-Viconte.... le XIXᵉ jour d'octobre l'an mil cccc cinquante et huit ».

Titre original, parchemin ; sceau disparu.

(4) Titre original, parchemin. Archives de la fabrique de Congé.

et le fonctionnement de ce petit rouage gouvernemental qui se nomme la fabrique.

§ Ier

LA FABRIQUE

Elle formait un corps constitué, reconnu par l'état, jouissant par conséquent de la personnalité civile. Elle était apte à posséder. Les biens-fonds dont elle avait été dotée ou qu'elle avait acquis, étaient grevés des droits féodaux ordinaires (1). Si, par ailleurs, comme biens d'église, ils ne supportaient pas tous les impôts dont étaient chargés ceux des simples roturiers, par contre, une redevance particulière, celle des francs-fiefs, les atteignait, quand elle en prenait possession (2).

Les intérêts en étaient gérés par un procureur, élu chaque année par un nombre fort restreint d'habitants, toujours les mêmes, et constituant probablement au point de vue de la richesse ou de l'instruction, l'élite de la paroisse. Ces électeurs se réunissaient devant l'église et dans le cimetière qui l'entourait. Ils choisissaient ordinairement l'un d'entre eux pour mandataire. Celui-ci, nulle distinction n'existant alors entre la commune et la paroisse, devait pourvoir aux besoins

(1) En 1488, parmi les mises faites par le procureur de fabrique, figure un chapitre ainsi intitulé : « Devoirs que lesd. héritages de la fabrique sont tenus faire aux seigneurs cy après déclarés ». Il y en a dix, qui reçoivent en tout deux sols deux deniers oboles.

(2) Il y a encore aux archives de la fabrique de Congé toute une liasse de quittances délivrées par les gens des francs fiefs. Ainsi, en 1737, on leur paie *cent onze livres six sols*, pour droit d'amortissement de la terre de la Thibaudière, sise à Marolles-les-Braults, acquise de Marin Coudray, le 13 janvier 1734, pour la somme de *cinq cent cinquante livres dix sols*. En 1640, la fabrique avait été taxée, pour ce même droit, à 330 l. Parmi les conseillers du roi, devant lesquels les procureurs furent appelés à comparaître, nous citerons « monseigneur de Lauberdemont intendant de justice, police et finances des provinces de Touraine, Anjou, le Mayne et Loudonnois ». On lui adressa, en 1636, une supplique dont le texte original s'est conservé. Il était venu siéger à Beaumont-le-Vicomte.

civils et religieux de ceux qu'il représentait, mais, dans la pratique, c'était surtout à l'entretien de l'église et à l'exercice public du culte qu'étaient consacrées les ressources dont il disposait. Il en devait du reste rendre un compte rigoureux à l'expiration de son mandat (1), aussi n'entreprenait-il rien sans avoir préalablement pris l'avis de ses électeurs. Ceux-ci n'hésitaient pas à laisser à sa charge les dépenses dans lesquelles il s'était imprudemment ingéré et qui n'étaient pas sérieusement justifiées (2). Outre le contrôle local qu'exerçaient sur lui ses commettants, il en existait un autre, fonctionnant moins régulièrement il est vrai, mais auquel le procureur restait légalement soumis, c'était celui de l'autorité ecclésiastique représentée par l'évêque, ses archidiacres ou ses doyens (3). Ces fonctions, honorables

(1) « Pour la faczon et escripture de ses présens comptes et pour le pappier en icculx et de troys précédents, XL s.

Item, pour deux journées que led. procureur a vacqué avecques ceux qui ont fait ses présens comptes, II s.

Item, pour la despense des auditeurs et paroissiens qui ont ouy et examiné ces présens comptes et troys précédens, XIX s. II d. Comptes de 1475.

(2) Dans ses comptes de 1495, le procureur avait rangé parmi ses dépenses, la fourniture de trois boisseaux de froment, fournis à Macé Boutier, qui cultivait à moitié, un champ de la fabrique ; l'article fut barré à l'audition des comptes, et on lit en marge : « Nichil, parce qu'il (le champ) estoit en guéret ». En 1503, dans le chapitre des mises, à propos d'une dépense occasionnée par une citation en justice, celui qui examine les comptes, fait cette observation : « Doceat de registro, *alias* nichil ». En face d'un article relatant l'achat de deux statues, on lit : « Nichil, s'il ne nomme les présens », c'est-à-dire les témoins.

(3) « Item, compte led. procureur avoir esté au Mans, parce qu'il avoit esté cité à la requeste du promecteur pour rendre ces présens comptes, pour ses paines et vacations, V s. »

Comptes de 1505.

« Ces présens et précédens comptes ouys, veuz, calcullez, examinez et arrestez par nous Pierre Moyré licencié ès loix et Guillaume du Tertre prestre, avocat et notaire respectivement de la court ecclésiastique du Mans ad ce commis et deputez par monsr l'official du Mans, et ce en la présence de honorables personnes Pierre Arnoul, notaire en court laye, Ambroys Gilles Michel Hastet, Gervaise Boullay, Jacques Leboulleurs,

assurément, n'étaient pas rétribuées, mais celui qui les remplissait, percevait une indemnité proportionnée au temps qu'elles lui faisaient perdre, aux dérangements nombreux qu'elles lui causaient. Il ne se bornait pas en effet à marchander leur besogne anx ouvriers qu'il employait, mais il surveillait leurs travaux et ne s'éloignait guère des chantiers qui leur étaient ouverts (1). Ces artisans étant souvent de simples manœuvres, le procureur leur fournissait les instruments dont ils avaient besoin, ainsi des échaffaudages et des échelles aux couvreurs et aux charpentiers (2), de la terre à mouler et des soufflets aux fondeurs de cloches (3). A plus forte raison, leur amenait-on à pied d'œuvre les matériaux qu'ils employaient, mais pour peu que l'achat en fût considérable, le procureur ne traitait point avec les vendeurs sans l'assistance d'un ou de plusieurs des paroissiens (4). S'il les prenait avec lui, ce n'est

Pierre Gillebert, Jehan Bataille..... le mardi des efféries de Pâques l'an mil cinq cent trente-huit ». Comptes de 1538.

Parmi les archidiacres qui vinrent examiner les comptes de la fabrique, nous pouvons citer, en 1630 « monsieur Cohon », futur évêque de Nimes, qui perçut vingt sols pour son droit de visite. Comptes de 1630.

(1) On trouvera la preuve de cette allégation dans les nombreuses notes qui vont suivre.

(2) Pour la peine et sallaire dud. procureur d'avoir charché des eschelles à *Thouars que autres lieux pour servir à couvrir lad. église*, II s. VI d. Comptes de 1559.

Item, pour huit journées de harnoys tant pour amener la chaulx que led. procureur a empruntée que achatée *oultre celle dessus déclarée que pour amener des perches, des clayes, des estaches et du sablon*, pour chacune journée vallant huit sols t. pour ce, XLIIII s. » Comptes de 1540.

Item, pour les peines, sallaire et vacquations du procureur d'avoir emprunté des mas et eschelles à rabiller lad. vittre, V s. Comptes de 1556.

(3) Item, pour un jour de hernoys d'avoir amené la terre pour faire le moulle de lad. *cloche pour despens et pour tout*, VI s.

Item, pour la paine de celuy qui est allé quérir les soufflets de Congnyn des Ponts de Ballon et pour les avoir ramenés, pour ce, XVIII d.

Item, pour six pippes de charbon rendus au lieu de Congé, *pour chacune pippe dix soubz tournois qui est en somme*, LX s. Comptes de 1513-16.

(4) Cf. les notes qui seront données au cours de ce travail, dans lesquelles on verra les paroissiens assister leur procureur. Ils s'y prêtaient d'autant

pas qu'il y fût légalement contraint, ayant reçu au moment de son élection et par acte passé par devant notaire, une délégation générale l'autorisant à agir au mieux des intérêts de ses commettants. Néanmoins ces derniers jugeaient bon, quand il y avait en jeu quelque affaire plus importante, de lui donner par un mandat spécial des pouvoirs particuliers (1). C'était à lui, et à lui seul, que s'en prenait à toute occasion, l'autorité séculière ou religieuse, et du reste à bon droit,

plus volontiers que, invariablement, la conférence se terminait chez l'hôtelier de la paroisse, et aux frais de la fabrique.

(1) « Le dimanche unziesme jour de novembre l'an mil six cent quarente et six à yssue de la grande messe de la paroisse de Congé-sur-Orne.

Devant nous Philippe Gallebrun, notaire en la cour royalle du Mans, demeurant au bourg de Congé-sur-Orne personnellement establiz chascun de vénérable et discret messre Guillaume Ferrecoq prestre, curé dud. lieu et y demeurant... (suivent treize noms) manans et habitans de lade paroisse de Congé deubment congregez et assemblez à yssue de lad. grande messe au son de la cloche qui pour ce fere a esté sonnée en la manière accoustumée pour nommer et eslire un procureur de fabrice pour lade paroisse, lesquels paroissiens ont ce jourd'huy faict, nommé, constitué, establly, et ordonné Jullian Morencé pour procureur fabrical général et spécial d'icelle fabrice auquel ils luy ont donné et donnent par ces présentes, plein pouvoir, authorité et mandement spécial de leurs personnes représenter en jugement et dehors, par devant tous juges qu'il appartiendra tant en demandant que deffendant pour toutes sortes d'affaires que ce puisse estre en conséquence de lad. fabrice deubes et raisonnables et par et spécial de gérer et négocier touttes et chascunes les affaires d'icelle, fournir de toutes demandes et deffenses et d'en delaisser sy mestier est, garantir, adhérer et voir faire abstention et monstrée, faire faire inventaire de tous et chascuns les tiltres et enseignemens concernant les héritages et legs despendant de lad. fabrice et esglise de ce lieu, dedans Pasques prochaines, de poursuivre les procureurs modernes qui ont esté cy devant en exercice d'icelle fabrice et rendre compte de la gestion qu'ilz ont faicte pendant le temps de leurs charges, de bailler les héritaiges en despendant à ferme au plus offrant et dernier enchérisseur.... Titre papier.

Le procès-verbal de l'élection du procureur Louis Verraquin, faite le 2 février 1622, existe encore et à peu près dans les mêmes termes.

Item requiert que luy soit alloué vingt sols pour le sallaire dud. Gallebrun, notaire, pour avoir attesté un pouvoir comme lesd. paroissiens donnoient pouvoir aud. contable d'acheter ou faire acheter un saint siboire et un soleil pour mettre au tabernacle de lad. église..... » Compte de 1638-39.

puisque, quitte à justifier de l'exactitude de sa gérence, il administrait les biens de la fabrique comme les siens propres, veillant à leur bon entretien, assistant aux visites de montrée (1), faisant connaître par billet publié par le curé ou le vicaire, au prône de la messe paroissiale, quelles terres étaient à louer (2) et les mettant ensuite en adjudication à l'aide d'un notaire. Il vendait les objets mobiliers dont on jugeait bon de se défaire (3), les produits du sol des terres louées à moitié (4). Il plaçait les fonds qui restaient en excédant à la fin de l'année, ou s'en servait pour de nouveaux acquêts (5), et, par contre, aliénait parfois les

(1) « Item, requiert qui luy soit alloué dix sols pour sa journée d'avoir assisté à la monstrée du lieu des Bregeries dépendant de lad. fabrice faicte avec les héritiers de defunct Jean Moreau qui tenait icelluy, pour ce, X s. » Comptes de 1637-38.

(2) « Julien Morancé vostre procureur de fabrice vous faict dire que demain matin à yssue de messe en la paroisse de Saint-Mars-soubz-Balon, il fera procéder au bail et ferme au plus offrant et dernier enchérisseur de deux cartiers de vigne ou environ situés dans le clos Plat, et d'une petite pièce de terre.... à part située proche le chasteau de la ville de Balon le tout situé en la paroisse dud. Saint-Mars, et dépendant de la fabrice de ce lieu pour le temps et terme de six ans à commencer du jour de Pâques prochain le tout aux conditions et clauses portées par les baux que de ce en seront faictz séparement.... Leu et publié le contenu ci-dessus par moy vicaire soubsigné à yssue de messe paroissiale de Congé, ce dimanche 27 octobre 1649. B. Janvier. » Titre papier.

(3) « Item, se charge le comptable de vingt solz qu'il auroit receu de Mᵉ Jehan Hourdel pour un vieil plat de plon qui lui avoit esté vendu comme plus haut et dernier enchérisseur ». Comptes de 1634-35.

(4) « Ventes de blez et autres grains receuz par led. procureur l'an de ce présent compte à ban d'église, dix boisseaux de froment qu'il avoit eu de Macé Boutier, chacun boisseau IX s. III d. qui vallent en somme toute, IIII l. XII s. VI d. » Comptes de 1499

« Item, tient pour utile compte de la somme de soixante et ung sol pour la vendition de troys petits noyers qui ont esté venduz au plus offrant et dernier enchérisseur.... lesd. noyers estoyent dans le petit cimetière dud. Congé... » Comptes de 1640-44.

(5) « Le pénultième jour de mars l'an mil cinq cens lesd. procureur et paroissiens baillèrent lad. somme de cent livres tourn. aud. maistre Nouel Aude pour en faire et poyer à lad. fabrice par led. maistre Nouel la somme de soixante sols t. de rente assis sur une pièce de terre sise près et

anciens pour acquitter les dettes (1) que les revenus ordinaires ne suffisaient pas à éteindre. Si la fabrique avait par aventure quelque procès à soutenir, le procureur en assumait la charge (2). Par ailleurs, il lui appartenait de convoquer les paroissiens, chaque fois que ceux-ci devaient procéder à son élection, entendre ses comptes ou voter sur les propositions qu'il jugeait bon de leur soumettre. Cette invitation leur était transmise habituellement au prône de la grand'messe, par le curé de la paroisse (3).

joignant la chapelle des Champs en la paroisse de Saint-Mars de Ballon...» Comptes de 1499.

« Item, pour le principal pris et achapt de soixante sols tournois de rente acheptez par led. procureur de maistre Jehan Digeon par ypothecque universelle, quarante livres, XL l. » Comptes de 1524.

« Led. procureur a vacqué à la requeste des paroissiens une journée à aller voir quatre journaux de terre que ung nommé Pierre André demourant à Saint-Mars-de-Ballon voulloit vendre à lad. fabrice, lesd. quatre journaux sis en la paroisse de Dissé ; pour sad. journée et despens, XV d. Comptes de 1499.

Item, pour la journée sallaire et viaticque de Jehan Payen procureur, du Xᵉ jour de décembre, qu'il acquit de Olivier de Langlée une hommée de pré ou environ, III s. IIII d.

Item, pour le principal prix poyé desd. choses, X l.

Item, pour la despense fete en célébrant led. contrat d'acquet, XXV s. » Comptes de 1521-22.

(1) « Item poyé, par led. procureur une procuration qui a esté constituée par lesd. paroissiens pour aller au Mans pour avoir de l'argent et engager le champ de la Mère-Dieu à mᵉ Loys de Montoté pour ce, V s.

Item, après que lad. procuration fut constituée, led. procureur par le commandement desd. paroissiens se transporta aud. lieu du Mans en la compaignie de Franczois de Montoté et dud. victrier auquel lieu du Mans led. procureur accompaigné desd. victrier et de Montoté pour pourchasser à avoir argent à payer led. victrier, pourquoy faire cousta aud. procureur, XV s. » Comptes de 1542.

(2) Un chapitre des dépenses porte ce titre : « Despence faite par led. procureur l'an de ce compte pour la conduycte des procès de lad. fabrice. » Comptes de 1488.

(3) « Julian Morencé, votre procureur de fabrice, vous fait dire qu'ayez à luy donner advis suivant la sommation qui luy a esté faicte à la requeste de Ambroys Le Besle et d'Estienne Cochier pour rabiller le mauvais chemin adiacent aux terres de la Tiroufière. Ce cinquiesme juillet 1648.

Leu le contenu cy dessus par moy vicaire soubsigné, le dimanche 5 juillet 1648 à yssue de vespres. B. Janvier ». Titre papier.

Cet exposé rapide que nous venons de donner des attributions du procureur, permet de discerner jusqu'où s'étendait sa compétence. Nous dirons tout à l'heure comment, pendant trois siècles, s'acquittèrent de leur charge, ceux qui en furent investis, mais auparavant, nous croyons indispensable d'indiquer de quelles ressources ils disposaient.

§ II

LES REVENUS DE LA FABRIQUE

Ces ressources, relativement importantes, provenaient de rentes foncières perpétuelles — non muables, disent nos documents, — léguées à l'église de Congé, à titre onéreux ou non ; du loyer des immeubles ou des terres qui appartenaient à la fabrique ; du prix variable obtenu de la vente des redevances en nature qu'elle percevait, et enfin des revenus éventuels dont le détail sera donné ci-après.

En 1470, sur une recette totale de treize livres onze deniers, les rentes foncières y entraient pour la somme de soixante-treize sols, c'est-à-dire, qu'elles en fournissaient un peu plus du quart. On serait fort embarrassé pour indiquer par qui elles avaient été constituées. Elles s'accrurent peu à peu comme quotité, tout en diminuant de valeur. Cela s'explique tout naturellement. Comme elles étaient « non muables », le chiffre de chacune d'elles ne variait jamais ; par ailleurs, le pouvoir de l'argent s'abaissant toujours, avec un total supérieur à celui qui avait été précédemment réalisé, on se procurait un moindre nombre d'objets. De ce chef, le déchet ne cessa de croître.

Il y eut compensation, il est vrai, par suite de l'élévation des fermages et de la plus-value des redevances en nature. Ainsi la location de la terre de la Tirouflère, qui, en 1470, était de trente-six sols, montait, à six livres, en 1493 ; à sept livres dix sols, en 1521 ; à trente livres en 1569 ; à soixante-cinq livres en 1773. Une noë qui, en 1470, était louée dix sols, trouvait preneur, en 1520, pour vingt sols. Le lieu de la Maladrerie, baillé en 1470, pour une rente annuelle de six sols, le fut, en 1488, pour dix sols ; en 1500, pour vingt sols et un pot de beurre ; en 1530, pour quarante sols ; en 1636, pour huit livres deux sols. Une merelle de terre passait de cinq sols, en 1470, à dix-sept sols, en 1528. Des champs, tels que celui de la Mère-Dieu, qui étaient, en 1470, laissés en guéret, rapportaient, en 1490, trois boisseaux de pois et autant de fèves ; en 1528, dix sols. Un journal de terre qui, en 1470, avait donné cinq boisseaux de froment, en produisait dix en 1493. Ces produits se vendaient eux-mêmes dans de meilleures conditions. Nous voyons le boisseau de froment monter de deux sols six deniers, en 1488, à dix-huit sols, en 1528. La même mesure était vendue vingt sols, en 1570. Trente-six boisseaux de céréales, dont douze de froment, douze de méteil et douze d'orge, trouvèrent acquéreurs, en 1637, à cent treize livres huit sols ; l'année précédente, ils avaient été achetés, pour quatre-vingt-deux livres seize sols. En 1736, froment et méteil, mis aux enchères publiques, sur le marché de Ballon, étaient adjugés, l'un reportant à l'autre, à trois livres huit sols, le boisseau ; l'orge à quarante-deux sols, trois deniers ; l'avoine à vingt et un sols. En se reportant à l'année 1470, on voit que, de ces deux céréales vendues également « à ban d'église », la première était cédée à treize deniers oboles, le boisseau, la seconde, à douze deniers (1).

Ces grains, spécialement au XVe siècle et au commencement du XVIe, provenaient, pour une petite partie, de la location à moitié de quelques terres de la fabrique. Le surplus, soit quarante-huit boisseaux, dont douze de froment et

______

(1) Tous ces chiffres nous sont fournis par les comptes des procureurs. Nous ne voyons pas du reste quelle grande utilité il y aurait à reproduire en note tous les articles où les prix sont mentionnés.

autant de méteil, d'orge et d'avoine, représentait la redevance que le curé de la paroisse était tenu de prélever sur
la dîme que lui servaient les paroissiens. Cette charge lui
avait été imposée à une époque que nous ne saurions pré-
ciser, par un seigneur de la famille des Goyet, alors que
ceux-ci jouissaient encore, comme il arriva souvent au
moyen âge, des dîmes de la paroisse (1). Il y eut, en 1649,
un moment où les pauvres de Congé demandèrent qu'on
répartît entre eux tous, les douze boisseaux d'orge et de
froment, mais leur réclamation ne fut admise (2).

Nous serions bien étonné si la fabrique n'avait pas tenu
des largesses d'un seigneur local, le droit qu'elle avait de
percevoir le samedi soir de chaque semaine, la dixième
partie de ce qui avait été travaillé, les six jours précédents,
par les meules du moulin dit de Congé (3). Les religieux de
Beaulieu près Le Mans, auxquels cet établissement apparte-

(1) « .... Lequel procureur nous eust dit de bouche que à led. fabrice
avoir six setiers de blé, mesure de Balon, c'est assavoir froment, mestail,
orge et avoine par quart, que autrefois et passé à deux cents ans avoyent
esté donné ainsy qu'il disoit par les Goyetz s^{rs} de la terre des Chesnays
estans en lad. paroisse et lesquelx six sextiers de blé le curé dud. lieu est
tenu paier par chacun an à lad. fabrice ou au procureur au jour de la
Toussains en et sur les dismes de lad. paroisse qui autrefois furent en
mains de s^{gr} temporel... » Enquête des commissaires des francs fiefs de
1458. Titre original, parchemin.

(2) Item, requiert luy estre alloué vingt sols pour la journée d'estre allé
au Mans, suivant l'assignation que les pauvres de Congé lui avoient faict
donner pour avoir les grains de lad. fabrice. » Comptes de 1649.

(3) Le plus ancien titre que nous connaissions où ce droit est mentionné,
est un accord passé en la cour du Mans, « ou seizeme jour dou moys de
juing l'an de grâce mil trois cens septante.... entre Guy Maillot? et
Renaut Baudouin « procureurs de la forge de l'église de Congé-sur-Orne
d'une part et Macé de Villers, escuier, et Jehane de Congié, sa fame,
d'autre part », par lequel ces derniers, après l'avoir contesté aux procureurs, leur reconnaissent le droit « de avoir et apercevoir la disme, c'est
asavoir la disiesme partie dou grain de la farine dudit blé » .... « sus le
moulin appelé l'ancien moulin de l'église situé en la terre desd. conjoins...»
lesquels « ont voulu et acordé que lesd. procureurs et leurs successeurs
en lad. église aront une faiz l'an par chescune année le serment dou
mounier doud. moulin de garder bien et léaument le gaing et les blez doud.

nait, depuis la fin du XIV⁰ siècle, voulurent s'opposer à
cette coutume dont ils durent, après jugement, reconnaître
le bien-fondé, en 1483 (1). Le prélèvement des farines ne
laissait pas d'être souvent sujet à contestation, aussi, de
bonne heure, y substitua-t-on une redevance fixe en argent,
soldée par le locataire du moulin, et qui, après avoir été de
vingt sols, en 1470, s'éleva à quarante-cinq sols, en 1488, à
soixante-dix, en 1500, à quatre livres en 1530, à dix livres
cinq sols, en 1637, et se maintint par la suite à ce dernier
taux.

Tous ces revenus, bien que le produit n'en fût pas toujours égal, avaient néanmoins un caractère fixe et régulier ;
on n'en saurait dire autant des ressources éventuelles suivantes. Nous placerons en première ligne les offrandes
déposées dans le tronc de l'église. Le procureur y trouva, en
1470, soixante-dix sols, plus du quart de la recette totale.
C'est le chiffre le plus élevé que ces oblations volontaires, à
notre connaissance, aient jamais atteint. Elles tombèrent à
vingt sols, en 1488, à seize sols en 1530. Au XVIII⁰ siècle,

moulin au profit de lad. yglese... et ausi aront et pourront avoir lesd. procureurs et leurs successeurs une clef de la huge ou sera mis la mousture
dou gaing doud. moulin... ». Titre original, parchemin ; archives de la
fabrique de Congé. Nous en devons le déchiffrement à la bonne volonté
de M. S. Menjot d'Elbenne.

(1) Jugement rendu le 10 novembre 1483, par le juge ordinaire du Maine
aux termes duquel, Jehan Cornilleau, procureur de Guy du Parc, abbé de
Beaulieu et de ses religieux, est condamné à payer douze livres tournois
à Gervais Touly, procureur de la fabrique de Congé-sur-Orne, pour les
arrérages échus les années précédentes, du droit qu'avait la fabrique de
prélever chaque samedi, le dixième de la mouture de tout grain moulu
au moulin de Congé appartenant aud. abbé et à son monastère. A l'avenir
les fabriciers sont autorisés à prélever en nature ce dixième. Titre original,
parchemin.

C'est en 1398 que « la terre de Congé sur Ourne avec toutes ses appar-
tenances tant en hébergement métairies, bordages, estangs, moulins... »
etc. fut donnée par Charles VI à l'abbaye de Beaulieu. Il l'avait achetée à
cet effet.

Cf. Titres de Beaulieu, f⁰ 115 r⁰. Ms. de la Bibliothèque municip. du
Mans, n⁰ 276.

elles ne sont plus même mentionnées. Les libéralités des fidèles étaient parfois provoquées par la concession d'indulgences octroyées par l'évêque du Mans, sur la demande du procureur de fabrique (1). On ne voit pas qu'il les ait jamais sollicitées, après le XVIᵉ siècle.

C'est dans ce que j'appellerai le casuel de fabrique, qu'il convient encore de ranger, d'abord la redevance payée pour toute inhumation faite dans l'intérieur de l'église (2), pratique qui ne se généralisa jamais à Congé, puis les menus legs concédés de temps à autre par les fidèles de la paroisse (3), et enfin le produit de la vente de tous les objets tombés hors d'usage. C'est ainsi qu'on voit mettre aux enchères, à ban d'église, vieilles serrures (4) et vieilles portes, cordes usées des cloches, vieux vases d'étain (5), la

(1) « Item, a poyé led. procureur en despence tant pour luy, Gervaise Toully que pour leurs bestes le jour qu'ils furent au Mans par le commandement des paroissiens pour parler au curé dud. lieu de Congé touchant le pardon de la Madeleine, v s. iii d. Comptes de 1493.

« Le dit procureur, l'an de ce present compte, a impetré envers monsᵍʳ le Cardinal evesque du Mans ung pardon lequel a cousté envers ses officiers, LXV s. vi d. dont led. procureur n'a baillé que quarante cinq sols vi d. de l'argent de l'église et duquel pardon led. procureur a ja receu des dons faiz aud. pardon la somme de trente-huit sols vii d. laquelle somme en a baillé à messᵉ Jehan Hastet, pbre, la somme de xx s. t. pour en avoir fait la diligence ». Comptes de 1499.

(2) « Et premier, rend compte qu'il a receu du seigneur de Villiers quatorze carollins pour ung enfant qui a esté ensepulturé en lad. église, pour ce, xi s. viii d.

Item, pour la sépulture de la femme de Mathurin Rousseau, xii s. vi d.

Item, des hoirs feue la Hastette, xx s. Item des hoirs feu Loys Denyau, xx s. Comptes de 1552-55.

Ce droit d'inhumation, pour lequel on ne réclamait encore que vingt-cinq sols au milieu du XVIIᵉ siècle, fut porté à huit livres, au XVIIIᵉ.

(3) Ces mêmes legs forment un chapitre spécial dans les comptes de 1569. Nous y voyons figurer des cierges donnés à la fabrique après une sépulture, un legs de seize deniers fait par deux femmes de Mézières ; trois sols quatre deniers, part de la fabrique pour les recommandations faites au prône, pour divers défunts, etc.

(4) Item, pour un vieil huys et une veille serreure qui est de l'église, vendus en somme toute, v s. vi d. » Comptes de 1470.

(5) « Item, se charge le comptable de vingt sols qu'il avoit receu de

charpente du clocher démoli en 1530 (1). Pour être à peu près complet, il faut ajouter aussi le prix des fruits et des arbres du cimetière qui, le cas échéant, étaient adjugés au dernier et plus haut enchérisseur (2).

Toutes ces ressources, d'où qu'elles vinssent, ne cessèrent de croître, du XVe au XVIIIe siècle. Nous en indiquerons simplement la progression pour chaque période d'environ cinquante ans. Elles s'élevèrent successivement de treize livres, neuf deniers, en 1470, à quatre-vingt-six livres, treize sols, un denier, en 1521 ; à cent vingt-neuf livres, en 1570 ; à deux cent cinq livres, dix-neuf sols, en 1631 ; à cinq cent quinze livres, sept sols, neuf deniers en 1721.

Pour apprécier la valeur réelle de ces revenus, il ne faut pas en considérer simplement le chiffre brut. Tout dépend en effet du pouvoir de l'argent, c'est-à-dire, de la somme plus ou moins grande de travail, de la matière plus ou moins considérable d'objets, manufacturés ou non, que l'unité monétaire, sol ou livre, peut procurer. Or, en se reportant aux comptes rendus par le procureur à ses commettants, il est facile de reconnaitre que l'état financier de la fabrique ne fut jamais plus brillant qu'au XVIe siècle. La main d'œuvre était alors peu coûteuse ; l'ouvrier dont on rémunérait les travaux, recevait vers 1520, un salaire de trois sols environ (3), en 1570, de dix sols par jour-

Me Jehan Hourdel pour un veil plat de plon qui luy avoit esté vendu comme plus haut et dernier enchérisseur. » Comptes de 1634-35.

(1) « Item, le dict procurenr a receu pour le boys du viel clocher lequel fut vendu en bannye au plus offrant, la somme de cent sols. » Comptes de 1530.

(2) « Plus se charge le dit rendant de la somme de quatre-vingt-douze livres qu'il a touchée pour le prix de quatre ourmeaux qui étaient situés dans le cimetière dudit Congé.... » Comptes de 1722.

(3) « Pour Jehan Daguenet, masson, qui a esté huit journées de son mestier pour tailler les marches et corbeaux et pour faire placc à les mectre pour soustenir le dit poupitre, XXV s. » Comptes de 1518.

« Item, pour une journée dud. procureur qu'il vacqua pour marchander à ung macçon à fere les fons, II s. VI d. » Comptes de 1523.

née (1). Un voyage au Mans, y compris les frais d'auberge et la nourriture de sa monture, coûtait au cavalier, de quinze à vingt sols (2) et parfois moins (3). Un harnais ramenait du Mans à Congé, une charge d'ardoises, pour quinze sols (4).

La modicité de ces prix rend explicable la multiplicité des travaux qui furent exécutés dans l'église de Congé, de 1500 à 1570. On comprend aussi pourquoi la fabrique, cinquante ans plus tard, n'était pas plus aisée, bien que les revenus se fussent accrus notablement, la rétribution journalière de l'artisan étant montée de dix à quinze sols (5).

La différence était plus considérable encore entre le coût de certaines denrées ou marchandises. Nous citerons comme exemple la toile employée pour confectionner les aubes. On la payait cinq sols l'aune, en 1553 (6), et vingt et un sols en 1630 (7). Le même écart existait pour la cire, cotée cinq

(1) « Item, pour ma journée (du procureur) d'avoir assisté à voir faire d. luminaire, la somme de dix sols tournois. » *Comptes de 1569-70.*

(2) « Pour la peine et sallaire dud. procureur d'estre allé exprès de cheval de sa maison où il demeure jusques en la ville du Mans.... pour chercher et aller marchander et achapter du métal pour faire lad. cloche et pour augmenter led. metal avoyt mené avecques luy le serviteur du fondeur.... où ils avoient achaptez de Jehan Chaudronnier demeurant aud. lieu du Mans cinq cens cinquante livres de métal, pour quoy demande taxe tant pour luy que pour led. homma, LX s. *Comptes de 1558.*

(3) « Item, pour une journée que led. procureur seroit allé au Mans exprès à cheval.... pour ce, X s. » *Comptes de 1528-30.*

(4) « Item, pour le sallaire de seize chartiers qui allèrent quérir la dicte ardoise esd. halles du Mans à leurs despens et cousta chacun harnois, quinze sols.... » *Comptes de 1528-30.*

(5) « Item, requiert led. comptable luy estre alloué la somme de six vingt dix huict livres tant pour les journées que René Duboys et ses valletz ont faictes sur l'église de Congé pour icelle recouvrir qui sont au nombre de six vingt onze journées par une part, prix faict de quinze sous tourn. chacune journée qui reviennent à la somme de quatre vingt dix huict livres cinq sols et autres quarante journées, prix faict à treze sous chacune journée, etc... » *Comptes de 1623.*

(6) « Item, le procureur en l'an du présent compte (1553) a achapté vingt trois aulnes de toille de meslinge de laquelle a esté faict six aulbes...... CXV s. t. »

(7) « Item, requiert le dict comptable luy estre alloué la somme de vingt

sols six deniers la livre, en 1515 (1), et dix-huit sols en 1630 (2) ; pour l'encens, payé vingt deniers l'once, en 1570 (3), et trois sols, en 1636 (4) ; pour l'ardoise achetée trois livres, le millier, en 1530 (5), et six livres trois sols, en 1621 (6).

On sait maintenant dans quelle mesure le procureur était à même de pourvoir aux charges qui incombaient à la fabrique ; nous allons les détailler.

§ III

LES CHARGES DE LA FABRIQUE

Le service public auquel le procureur de fabrique devait faire face, était double, avons-nous dit. Il était tenu, et c'était son principal souci, de solder toutes les dépenses que

et une livres pour dix-neuf aulnes de toille de lin à faire troys aulbes, troys amyz et ung surpelly, pour ce, XXI l. » Comptes de 1630.

(1) « Item, pour neuf livres de cire prestresse qui à cousté chacune livre quatre soubz quatre deniers et pour six livres de cire neufve qui a cousté cinq soubz et demi la livre..... » Comptes de 1513-16.

(2) « Item, requiert ledict rendant compte luy estre alloué la somme de dix livres seize sols pour douze livres de cire qu'il auroit acheptée pour faire faire les cierges.... » Comptes de 1630.

(3) « Item, pour une once d'ensens à servir à lad. eglise, a esté payé XX d. » Comptes de 1569-70.

(4) « Item, requiert qui luy soit alloué troys sols pour une once d'encens aromatique qu'il auroit achepté pour servir à lad. église. » Comptes de 1636.

(5) « Item, pour l'ardoise que ledict procureur seroit allé achapter au lieu de Mallicorne et luy auroit cousté le millier soixante sols rendu ès halles du Mans et en auroit achapté et poyé vingt deux milliers..... LXVI l. » Comptes de 1528-30.

(6) « Item, requiert led. rendant compte luy estre alloué la somme de trente-sept livres pour le poyment de lad. ardoise qui estoit au nombre de six milliers.... » Comptes de 1622.

En 1499, on avoit payé l'ardoise 32 s. 6 d., ainsi qu'il résulte de l'article suivant : « Item led. procureur a achapté à Parennes troys milliers d'ardoise dont il a payé pour chacun millier, XXXII s. VI d. »

nécessitait l'exercice du culte, mais, jusque dans la première moitié du XVIIe siècle tout au moins, il s'occupa seul et exclusivement des intérêts civils, nous allions dire laïcs, pour nous faire mieux comprendre, de sa paroisse. Nous parlerons tout d'abord de ces derniers.

Il convient de placer en première ligne l'obligation qui incombait à la fabrique de subvenir à l'armement et à l'entretien du franc-archer. L'importance de Congé n'avait pas été estimée telle qu'on eût astreint cette communauté d'habitants à en supporter seule les frais ; elle partageait cette charge avec les paroisses voisines de Saint-Ouen et de Lucé (1). Cette imposition persista tant que furent maintenues ces milices locales. Elle rentrait dans la classe des impôts ordinaires. Il y en avait une autre, de nature presque analogue, mais qui ne présentait pas cette régularité. Ainsi, c'était seulement en des circonstances difficiles et pour un temps généralement court, que l'on forçait la fabrique à entretenir des pionniers ou de simples terrassiers employés à restaurer ou à compléter les fortifications de la ville du Mans (2).

---

(1) « Item, depuys led. premier taux, en vertu de seconde commission, led. procureur fut contrainct fçre autres mises pour led. franc archer en la compagnie des paroisses de Lucé et Saint-Ouen avecques lesquelles lad. paroisse de Congé estoit joincte pour l'érection desd. francs archers. Et en avoit lad. paroisse de Congé la moictié des frays à elle pour sa quotité. Desquels seconds frays fut faict esgail entre les procureurs desd. paroisses où estoit Jehan Payen avec led. procureur et cinq ou six autres de lad. paroisse de Congé Et fut trouvé que en apartenoit aud. Congé dix-huit livres que led. procureur a poyées... » Comptes de 1522-24.

(2) « Item, poié par led. deffunct procureur la somme de douze livres t. par une part, et trente solz t. par aultre part, à ung nommé Sephorian Hallé pour servir de pionnyer pour lad. paroisse en l'année mil V^e soixante neuf....

Item, pour un collier de cuir baillé aud. Haslé par led. procureur, XL s. » Compte de 1571.

« Item, led. procureur a poyé en vin chez Philippe Gallebrun lorsqu'il a marchandé à Jullian Esnault, René Liger, Jehan Fouschart le jeune, pour aller pour travailler aux fortifications du Mans, la somme de XVIII s.

« Item, led. procureur a poyé et remboursé à Jacques Perier la somme

L'Etat se mettait encore en rapport avec la fabrique pour la répartition ou la levée des impôts. Il semble que le procureur ait été chargé de faire savoir aux collecteurs dans quelle mesure les habitants avaient été taxés (1). Il transmettait aux officiers du roi, les réclamations de ceux qui se jugeaient trop imposés (2). Il devait financer d'ailleurs pour les contribuables absents (3), quitte à exercer envers ces derniers une action en justice. Il lui arrivait d'ailleurs, en certaines circonstances spéciales, de payer pour la paroisse les impositions locales qu'inventaient les financiers aux abois (4).

Ces contributions, pour onéreuses qu'elles fussent, avaient du moins un caractère légal ; on n'en saurait dire autant de celles que les gens de guerre prélevaient sur la fabrique,

de troys livres huit solz que iceluy Perier avoyt mise et deboursée pour lad. paroisse pour la conduicte desd. Esnault Liger et Fouschart qu'il avoit mené et conduit dud. Congé jusques au Mans pour ce, III l. VIII s. » Comptes de 1588-89.

(1) « Item, pour la paine et sallaire dud. procureur d'estre allé présenter le taux du Roy esgaillé en lad. paroisse à celuy qui avait esté esleu collecteur en icelle, XII d. » Brouillon des comptes de 1503.

(2) « Item, led. procureur a baillé à Loys Denys la somme de quarante quatre sols tournois pour aller par devers les esleuz pour faire des présens pour moderez de la taille, pour ce, XLIIII s. Comptes de 1549.

« Item, pour une aultre journée que led. procureur est allé exprès aud. Mans pour présenter ung billet aux esleuz dud. lieu qui portoyt advertissement et supplication de rabaisser lad. paroisse de taillée, pour ce demande taxe tant pour sa journée d'estre allé de cheval que pour despence la somme de XL s. » Comptes de 1570.

(3) « Item, led. procureur a poyé du consentement desd. paroissiens au collecteur du Congé en lad. année (1570) la somme de quinze sols tournois pour ceulx qui avoyent esté en taille touchant une recreue envoyée en lad. paroisse lesquels n'y debvoyent estre mys parce qu'ilz estoyent aller demeurer ailleurs avant que lad. commission fut donnée...

Item, poié par led. procureur à Nicollas Renusson et Alexandre Patry collecteurs en ladicte année (1570) et ce à la requeste desd. paroissiens pour raison d'une recreue, la somme de XXV s. » Comptes de 1570.

(4) « Item, led. procureur a payé au receveur estably pour le roy nostre sire au Mans pour le droict qu'il prenoit pour les cloches sur la conté du Maine et suisvant la commission envoyée en lad. paroisse de Congé sur Ourne, la somme de soixante livres tournois, LX l. » Comptes de 1552-55.

indirectement il est vrai. C'est aux époques troublées de notre histoire que cette charge figure au budget. Comme on ne redoutait rien tant que de voir ces troupes plus ou moins indisciplinées, passer à travers le pays ou s'y établir, on usait de mille prévenances pour les en éloigner. On s'informait du chemin qu'elles devaient suivre ; on dépêchait vers leurs chefs quelque notable dont l'influence, croyait-on, suffirait pour éloigner la soldatesque (1). Ce personnage, rétribué lui-même, persuadé d'ailleurs que les présents seraient appréciés plus et mieux que les meilleures raisons, ne se rendait jamais au camp, les mains vides. En 1569, quand les guerres de religion donnent occasion aux malandrins de satisfaire leurs instincts pillards, on leur offre de multiples dons en nature, des mottes de beurre, de l'avoine, des chapons, des agneaux, voire même un bœuf entier (2), mais

(1) « Item, led. Gaif a baillé à m^r Pongenye ? lorsqu'il est allé au Mans avec mons^r Thiberge pour descouvrir quel part tournoyt l'armée du maréchal d'Aumont qui estoit à Sillé, la somme de XV s.

Item, achapté quatre chappons donnés au s^gr de Tourmetort ? pour lesquels il a poyé la somme de XL s.

Item, led. procureur seroit allé par le commandement de mons^gr de Congners au Mans trouver le capitaine Tourmetort pour faire rabattre un pionnyer et aussi pour payer led. seigneur de Tourmetort..... de plusieurs compaignies et régiments qu'ils estoyent en ses cartiers...... Comptes de 1592.

(2) « Item, led. procureur a achepté de Olivier Ligot dud. Congé ung agneau lequel luy a cousté la somme de vingt-deux solz six den. pour donner et faire présent à certain seigneur lequel estoit pour lors en la paroisse de Beaufay,... XXII s. VI d. »

Item, led. procureur a baillé et payé à Julian Latre ? sieur de la Vallée, la somme de vingt sols pour sa despense qu'il disoyt avoir faicte en allant audevant des gens d'armes et laquelle luy avoit esté accordée le jour de la Trinité oud. an (1585).

Item, led. procureur a achapté de Julien Pichard dud. Ponthouyn ung aigneau lequel lui a cousté la somme de vingt sept sols six deniers t. par le commandement d'aulcuns des paroissiens pour faire présent à certain sieur du pays... au moys de juillet oud. an (1585). Comptes de 1585.

« Item, poié pour ung bœuf gras qui auroyt esté achapté à la requeste desd. paroissiens dud. Congé pour faire présent à quelque gentilhomme dont les parroissiens ont cognoissance, la somme de soixante livres t., préen toutes ces circonstances, le rédacteur des comptes où nous trouvons ces dépenses .enregistrées, montre une si grande discrétion que nous ignorons à qui ces présents étaient destinés. Il y en avait d'ailleurs de fort modestes, tel ce cadeau de prunes d'amar violet (1) que nous signalons en particulier, pour attirer l'attention sur le nom même du fruit que nos cultivateurs récoltent encore. Ces attentions ne suffisaient pas toujours pour assurer la tranquillité du pays. Si, en 1570 et en 1585, les mouvements de troupes ne semblent pas avoir causé de sérieux dommages, en 1589, on ne réussit pas à empêcher les bandes armées de piller les grains amassés dans la grange dìmeresse (2). En 1592, on paraît avoir été assez heureux pour écarter de Congé les soldats que le maréchal de Lavardin, revenant du siège de Rochefort, ramenait au Mans (3). Une dernière fois, en

sent aud. poyement messire Julien Faudoyre, prestre, vicaire dudit Congé.... »

« Item, poié pour douze bouesseaux d'avoine qui ont aussi esté achapté, oultre celle qui a esté reservée et recuellye pour foire pareillement présent.... pour ce, XVI l. XVI s. » Comptes de 1570.

« Item, poié pour soixante et quatorze livres de beure qui coustoit chascune livre deux solz six deniers et une couple de fourmaiges vallans douze solz qui est en somme toute, la somme de neuf livres dix sept solz t. pour faire présent à quelques personnes du Mans dont lesd. paroissiens ont bonne congnoissance.... » Comptes de 1570.

(1) « Item, led. procureur a baillé et payé.... la somme de trente sols pour compte et payement de demy bouesseau de prunes de amars viollet desquelles l'on a faict présent à Monsr le baron de Juillé, pour ce, XXX s. » Comptes de 1596-97.

(2) « Receu dud. curé par les mains de messre Estienne Liger prestre, vicaire dud. Congé, le nombre de douze bouesseaux de bled forment douze bousseaux de bled mestail ; toutefois led. procureur n'a receu que du mestail pour led. forment, parce que le forment de la grange dixmeresse avoit esté perdu par les gens de guerre qu'ils ont.... en ce pays.

« Item, receu vingt bouesseaux d'orge tant pour les douze bouesseaux d'orge que d'avoyne que estoient deuz, parce que certain seigneur du pays avoyt eu l'avoyne et aussi esté perdue par les gens de guerre... » Comptes de 1589.

(3) « Item, led. procureur achapta quatre chappons et cinq livres de beurre frais qu'il a portez à monsr de Congners qui pour lors estoit au Mans, pour pryer monsr de Lavardin et ses troppes qu'ils remenoyent de

1630, on se prémunit contre le passage des gens de guerre (1).

En des temps moins troublés, la fabrique faisait les frais d'autres dépenses plus utiles. Nous avons constaté qu'en diverses circonstances, elle pourvut à l'entretien de certains tronçons de route (2). Elle cessa de supporter toutes les charges dont nous venons de parler, le jour où, sans vouloir empiéter sur la paroisse, l'autorité royale en déclara distincte la communauté des habitants, à la tête desquels un procureur syndic fut placé. Le fait arriva à Congé, au plus tard dans le premier tiers du XVIIᵉ siècle (3). A partir de ce moment, l'importance de la fabrique diminua peu à peu, et les revenus dont elle jouissait, furent exclusivement consacrés aux œuvres de charité et aux besoins du culte.

Elle était venue en aide aux lépreux à l'époque où la lèpre exerçait ses ravages, isolant ces malades et les recueillant dans un immeuble nommé la Maladrerie, qui était loué, quand aucun ladre ne l'occupait (4). Elle pourvut

Rochefort de ne voulloir donner aulcun... en la paroisse de Congé... pour ce, I l. VIII s. Comptes d e 1592.

(1) « Item, requiert luy estre alloué la somme de quarante et six livres t. que led. comptable auroyt baillée à Charles Moulin dict la Motte par le commandement des paroissiens pour ses sallaires d'estre allé au devant des gens de guerre. » Compte de 1631-33.

(2) « Item, a poyé led. procureur à Jehan Leroyer la somme de dix sols tourn. oultre ce qu'il avoit peu recevoir de dons des paroissiens pour avoir pavé une route ou grand chemin entre le lieu de la Bunesche et la maison Perrin Payen, X s. » Comptes de 1493.

(3) Item, requiert luy estre alloué ou du moings deduict la somme de dix livres que Jehan Posé ? a baillée au procureur général de lad. paroisse de Congé pour la ferme de deux journaux de terre que led. Posé tient de lad. fabricque.... » En marge, on lit ces mots : « Alloué, veu l'acquit en descharge de Charles Hérodes cy devant procureur de communauté, sauf le recours contre les paroissiens ». Comptes de 1631-33.

(4) « Item, aud. an (1488) led. procurous, Guillaume Lecesne, et Gervaise Touly menèrent messire Gervaise Ligot, prestre, au Mans, pour estre esprouvé sur ce que on disoit qu'il estoit ladre, en despence pour ce fere, tant pour les dessud. que pour ceulx qui esprouvèrent led. Ligot, LXXIIII s. I d. ». Dans les comptes de 1493, on lit : « Pour la terre de la Maladerie dud. lieu. pour l'an de ce compte, nyent, parce que messire Gervaise Ligot la tient, qui est malade de la lèpre. »

également aux besoins des misérables atteints par la contagion, leur envoyant des vivres pendant leur maladie (1) et veillant à ce qu'en cas de mort, ils fussent convenablement ensevelis (2). L'usage se perpétua de fournir des linceuls à tous les pauvres (3).

Toutes ces dépenses, en certaines années, absorbèrent en partie les ressources de la fabrique ; elles n'empêchèrent jamais cependant d'en consacrer la plus notable portion, d'abord à l'entretien de l'église, puis à celui du mobilier qu'elle renferme, et enfin à l'acquisition des objets de consommation nécessaires à l'exercice du culte.

L'église de Congé est un édifice roman, construit au plus tard au XIIe siècle, et qui, primitivement, se composait d'une nef unique, fermée probablement par une abside. Les murs construits en petit appareil d'une pierre blanche prise,

(1) « Item, led. procureur a baillé à la ve Fortais la somme de dix sols pour lui avoir des vivres pendant sa malladye attendu qu'elle n'avoyt moyen de se nourrir. » Comptes de 1597-98.

(2) « Item, led. procureur a payé à Jullien Esnault la somme de ung escu dix sols tant pour ses peines d'avoir enterré la femme de Pierre Thebault qui estoit décédée de contagion que pour le vin despensé par led. Esnault. Comptes de 1597-98.

« Item, a esté baillé aux porteurs tant pour vin que chair par Michel Gaisse pendant l'absence de Philippe Galbrun qui s'estoit retiré hors de sa maison et au commencement de la maladie contagieuse qui a rayné en lad. paroisse et rayne encores, la somme de LII s. » Comptes de 1611.

(3) « Je, Simon Esturmy, m^d à Ballon, soussigné, certifie avoir reçu de Michel Cabaret, procureur de la fabrique de Congé, la somme de dix livres quatorze sols pour neuf aunes de toille pour ensevelir trois posvres dud. Congé.... »

« Je soussigné, prêtre, curé de la paroisse de Congé-sur-Orne, consent que Noël Ménager, procureur de la fabrique de cette paroisse, donne un drap pour ensevelir la femme de Jean Morancé, eu égard à la pauvreté dud. Morancé et à la coutume et usage que j'ay trouvé dans la paroisse qui est que la fabrique donne des draps pour ensevelir ceux qui sont si pauvres qu'ils n'ont pas eux-mêmes de quoy se servir. Je ne scay pas l'institution de cette coutume, je ne l'ai pas porté dans la paroisse, mais étant une charité, je l'approuve pour les raisons cy dessus jusques à contredit. Fait ce 5 mai 1715.   DATHON. »

Titre inséré parmi les quittances, original, papier.

selon toute apparence, aux carrières de Villaine-la-Carelle
ou de Grandchamp, étaient percés d'étroites fenêtres en
meurtrières, maintenant bouchées, et dont le voussoir est
formé d'un seul morceau sur lequel on a creusé des rainures,
pour simuler les claveaux dont ce cintre se compose habituellement. Au XVIe siècle, on pratiqua les ouvertures qui
éclairent actuellement l'édifice ; on reprit en sous-œuvre la
façade et le chevet ; ce dernier fut clos alors par un mur droit
où s'ouvrait, avant l'établissement d'un retable placé en
1650, une fenêtre d'où les meneaux ont disparu. En 1540,
on perça dans le mur droit de la nef deux arcades bandées
par des arcs surbaissés reposant, d'une part, sur les murs,
et de l'autre, sur une colonne centrale, au delà desquelles
on édifia une chapelle, éclairée par une fenêtre de dimen-
sions exagérées (1), et dont on a dû remplir, par une informe
maçonnerie, la partie inférieure.

A l'angle sud de la façade se dresse une tour assez élevée,
dans la partie basse de laquelle se voient d'étroites meur-

(1) » Item, poyé à Blaise Cailleau la somme de huit sols t. pour la façon
de la saintrure de la grant vitre de lad. chapelle, VIII s.

Item, poyé à Francois Genevresse, charpentier, la somme de cinquante
cinq sols pour la faczon des seintreures des arcs de lad. chappelle, pour
ce, LV s.

Item, pour la journée dud. procureur qu'il alla fere des gonds et barres
de fer pour tenir l'image de Nostre-Dame establye sur le pignon de lad.
chapelle, II s. VI d.

Item, pour la despence du vitrier du jour qu'il vint asseoir les deux
petites vitres de lad. chapelle tant pour luy que pour son varlet, pour
ce, VII s.

« Item, led. procureur a baillé a Jehan Auvray, maczon, la somme
de XX l. X s. »

« Item, poyé à Laurent Boussart, charpentier et autres charpentiers pour
la charpenterie de lad. chapelle. » Comptes de 1540.

« Item, poyé pour la despense des victriers et de leurs chevaulx de quand
ils vindrent asseoir la grand victre de lad. chapelle où ilz vacquèrent
le mardi jusques au vendredy après midy pour laquelle despense pour le
logeis et la chambre qu'ils empeschèrent tandis qu'ils furent à asseoir
lad. victre soixante neuf sols t. à Guillaume Péan, houstellyer, pour
ce, LXIX s. » Comptes de 1541.

trières. On est fort embarrassé pour déterminer à quelle époque elle a été construite et à quel usage elle a été d'abord employée. Elle sert actuellement de clocher à l'église avec laquelle elle communique par une porte sans caractère, sans qu'on puisse affirmer s'il y a toujours eu communication entre les deux édifices.

Il y aurait plaisir, s'il s'agissait d'un véritable monument, à détailler par le menu les transformations que l'église a subies. Les comptes de fabrique sont assez complets pour en donner la possibilité, mais il suffit d'un coup d'œil rapide sur ces constructions, pour reconnaître que les ouvriers qui y ont été employés, n'étaient ni des plus adroits, ni des plus experts en leur métier. Sous cette réserve, nous rappellerons le plus brièvement possible les principaux travaux qu'ils ont exécutés.

En 1492, Jacques Coulléon, charpentier, construisit un ballet devant le portail de l'église, dans le chœur de laquelle un maçon, René Toully, établit, la même année, une piscine actuellement disparue. Il y perça en même temps une fenêtre, probablement supprimée, quand on construisit la chapelle dont il a été déjà fait mention (1). En 1501, l'église fut lambrissée (2). De 1513 à 1516, on pratiqua dans les pignons qui ferment les deux extrémités de l'édifice, les

---

(1) « A esté poyé par le procureur à Jacques Coulléon charpentier qui a fait de son mestier de charpenterie icelluy baillet, la somme de LX sols VI d. et auquel Coulléon les paroissiens avoient marchandé pour poye et pour despens à icelle somme ».

« Item, a poyé led. procureur à René Toully, maczon, qui a fait une picine près du grand autel, a fourny de pierre, de chaulx, de sablon, en despence, pour toutes ces choses, XXXV s.

« Item, a poyé led. procureur à René Toully, maczon tant pour la taille et maçonnerie d'une veue faite au chanceau dessus l'épitaphe de feu messire Michel Patry, jadis curé dud. lieu de Congé que pour chaulx et despens, la somme de cent sols. » Comptes de 1493.

(2) « Item, en despence du jour que led. procureur marchanda pour lambruscher lad. eglise en la présence de plusieurs des paroissiens, v s. II d.

« Item, pour le lambruschage, XX l. t. » Comptes de 1501.

fenêtres destinées à l'éclairer, et la porte par où l'on y accède. Non seulement on amena aux ouvriers les matériaux qu'ils mirent en œuvre, mais on leur fournit « deux mains de papier..... pour fere les moulles et patrons à taillez les pierres de taille (1) ». Des vitriers vinrent remplir de verre blanc ordinaire, les deux ouvertures, à l'une desquelles on dut en remettre en 1530 (2) et en 1541 (3). C'est en cette

(1) « Aultres mises qui ont esté faictes par led. procureur avec les maczons qui ont faict les deux vittres de l'église de Congé, l'une en droit du grand autel, et l'autre ou pignon d'abas de lad. église et pour pourferir lad. église dehors et dedans et la letenser ou dedans et pour la faczon du guychet. Premièrement conte led. procureur pour deux mains de papier baillez au maczons pour fere les moulles et patrons à tailler les pierres de taille et pour ce, x d.

Item, pour troys livres de colle à detremper avecques la chaulx à celle fin que la letenseure de lad. eglise elle fut de plus grand durée et que elle tensyst myeulx a proufit et pour ce, v s.

Item, pour les maczons qui ont fait les deux vittres.... ainsy qu'il avoit esté marchandé avec lesd. maczons par les paroissiens et les plus suffisans de lad. paroisse et pour la massonnerie dud. guychet, xxx l.

Item, pour une charretée de pierre de taille et une qui a esté donnée laquelle je ne mept point en compte chacune charretée vallant quatre soubz.

Item, pour vingt et un jour de harnays qui sont allé querir lad. pierre joucquez à la perrière de Grantchamp vallant chacun harnoys six soubz, vi l. vi s.

Item, pour la faczon des barres des vittres qui pesent cent et huict livres, chacune livre coûte dix deniers t. qui est en somme, iiii l. x s.

Item, pour les vitriers qui ont fait les vittres qui ont esté marchandées à la somme de onze livres•t. par le procureur et paroissiens et estoit dict que si la vitre du pignon estoit plus grande de demy pié que celle du grant autel, laquelle c'est trouvée plus grande que le demy pié, a esté appointé par led. procureur et les paroissiens qu'ils auroient dix sous davantage qui est en somme, xi l. x s. Comptes de 1513-16.

(2) « Item, pour avoir faict rabiller la victre de dessus la grant porte de l'église dud. Congé et y avoir faict mectre des louzenges de verre neuf par ung nommé Engoullevent parce que les vents les avoient rompus, xi s. iiii d. » Comptes de 1530.

(3) « Item, aud. an (1541) led. procureur avecques aulcuns des paroissiens de lad. paroisse marchanda avec Jacques Comin, victrier, demeurant à Ballon, pour faire un panneau neuf à la victre de la porte de l'église et pour mettre des liens et verges de fer aux autres victres, xxv s. » Comptes de 1541.

dernière année que l'on refit le beffroi du clocher. La flèche dans laquelle s'ouvraient huit lucarnes, avait elle-même
été édifiée, en 1530, par Guyon Gervaise. Elle était importante, car, pour la couvrir, on n'employa pas moins de
vingt-deux milliers d'ardoises. Le plomb qui y fut en outre
employé et le coq dont elle était surmontée, coûtèrent
trente livres (1). Antérieurement, en 1524, Georges Aulbin,
charpentier, avait établi un ballet devant la petite porte de
l'église (2). En 1541, un peintre verrier d'Alençon, Guillaume
d'Ypres, plaça une verrière dans la grande fenêtre de la
chapelle qui avait été édifiée l'année précédente (3) ; on la

(1) « Et premier, led. procureur a marchandé avec Guyon Gervaise,
cherpentier pour fere de son mestier de cherpenterie le clocher de lad.
église de Congé, et lui a cousté envers led. Gervaise tant pour le boys que
la façon six vingtz dix livres. »

Item, oultre led. couvreux a fait oud. clocher, huit lucarnes, IIII l.

« Item, pour la faczon de lad. plomberie et pour avoir fourni de plon et
icelle plomberie assise et rendue preste de son mestier et pour avoir
fourny de coq à mectre sur led. clocher a cousté aud. procureur trente
livres. » Comptes de 1538. Sur l'achat des ardoises, voir plus haut, p.

(2) « Item, par ordonnance des habitans et paroissiens fut ordonné et
fait le ballet près le petit huys de devant et marchandèrent lesd. paroissiens à Georges Aulbin, charpentier, pour faire la charpenterie et fournir
de boys, a quoy il s'en obligea, pourquoy led. procureur...... a payé C s. »

Item, led. procureur marchanda après lad. charpenterie faicte, avecques
Jehan de Boys, couvreur, pour couvrir led. ballet pour quoy devoit fournir
de ardoise clou et late et led. procureur devoit fere les charroys et paya la
somme de X l.

Item, pour le coust du benoistier et d'un relès par bas, XXV s. Comptes
de 1524.

(3) « Item, poyé à Guillaume Ligot troys sols pour aller à Alençon dire
au victrier qu'il vienseist prendre ses mesures et que la massonnerie
estoit achevée, IIII s.

Item, poyé par led. procureur la somme de dix sols six deniers t. de
dépense que le victrier et ses gens firent en prenant les mesures de la
grant victre, en la maison de Jehan Moullay, houstelier, pour ce, X s. VI d.
Comptes de 1541.

« Et premier, poyé par led. procureur à Guillaume d'Ypre, la somme de
quinze livres tournois pour le reste et pour poiement de la somme de
quatre vingt dix livres tournois qui lui estoient deubz pour la fasson des
victres de la chapelle de l'église dud. lieu de Congé pour ce, XV l. »
Comptes de 1543-44.

lambrissa en 1549. En 1570, on travailla de nouveau au beffroi qui fut reconstruit par un charpentier de Courcebœufs, Laurent Boussart (1). Un seigneur du voisinage, M. de Thouars, donna le bois qui y fut employé. En 1610, l'église fut en partie recouverte (2), et ce travail fut repris et achevé en 1623 (3). On en profita pour faire redresser à la même occasion la charpente de la tour, par un charpentier de Ponthouin, Pierre Poirier (4). La couverture de l'église donna lieu à de nouvelles dépenses en 1638 (5).

En 1650, on ferma la fenêtre du chevet pour y adosser un retable dont on doit regretter d'autant plus la disparition, — et nous avons lieu de la croire récente — qu'il était l'œuvre d'un habile sculpteur du Mans, Noël Mérillon. On peut toutefois à l'aide du devis qui s'en est conservé, en donner une description assez détaillée. Il était en bois de

(1) « Item, pour la journée, peine et vacation dud. procureur, d'estre allé en la ville de Ballon pour parler à M⁰ François Racquoy, recepveur de de mʳ de Thouars pour le prier d'aller mercquer du boys es boys de Thouars, pour faire refaire le baffroy des cloches dud. Congé quel boys le sieur de Thouars auroyt donné à la fabrice…. »

« Item, pour la journée dud. procureur qui est allé exprès de cheval jusques à la maison de Laurens Boussart paroisse de Courcebœufs…. pour prier led. Boussart pour la faczon dud. baffray, la somme de trente livres et ung bouesseau de mestail mezure de Ballon qui lui fut baillé du grenyer de lad. fabrice, pour ce, xxx l. » Comptes de 1571.

(2) « Item, requiert led. rendant compte luy estre alloué la somme de trente troys livres pour l'employ de cinq milliers et demy d'ardoise sur lad. église au prix de six livres pour chacun millier, pour ce, xxxiii l. Comptes de 1610-11.

(3) « Item, requiert luy estre alloué la somme de trente soubz t. en despence faicte lorsque l'on marchanda à Jehan Dubyer ? pour recouvrir led. clocher…. » Comptes de 1623.

(4) « Item, requiert led. rendant compte luy estre alloué la somme de vingt sols t. en despense faicte avec Pierre Poirier cherpentier, lors que l'on a marchandé à luy pour redresser le clocher, pour ce, xx s. » P. Poirier était de Ponthouin. Comptes de 1623.

(5) « Item, requiert led. contable luy estre alloué la somme de cinquante livres qu'il auroit baillé et paié aud. Nochet ainsy que c'estoit obligé en payer pour avoir recouvert le clocher esglise chappelle et baletz…. » Comptes de 1638-39.

chêne et s'étendait sur une largeur de vingt-quatre pieds. Il
devait s'élever à la hauteur du lambris. Six colonnes,
« ornées de feuillage jusqu'au tiers et le reste cannelé »,
soutenaient une corniche, garnie « de modillons en forme de
consoles », sur laquelle reposaient trois niches. Celle du
milieu, dont les pieds droits étaient cachés par deux colonnes
« ondées, lierrées et cannelées » supportant un fronton
carré, était occupée par une statue de « Notre-Dame, de
hauteur de cinq pieds, tenant le petit Jésus sur son bras
gausche et dans sa main droite un sceptre avec lequel elle
[frappait] la mort qu'elle [foulait] aux pieds ». Deux
anges supportaient une couronne au-dessus de la tête
de Marie, de chaque côté de laquelle se tenaient encore,
probablement courbés « deux anges, de chesne ou de noyer,
de quatre pieds et demi de long ou environ ». Des deux
autres niches, surmontées l'une et l'autre d'un fronton
arrondi, celle de droite, renfermait la statue de « sainct
Charles Borromée en habit de Pontificat, son chapeau de
cardinal proche de luy et tenant entre ses mains un crucify »;
celle de gauche abritait « un sainct Sébastien mort, un ange
à son costé gauche, luy tirant une flèche du corps ».

Dans la partie inférieure du retable, et évidemment en-
serrées entre les colonnes, avaient été réservées deux autres
niches dans lesquelles étaient placés, à droite, c'est-à-dire
du côté de l'évangile, « un sainct Joseph tenant le petit
Jésus par la main gauche », et, du côté de l'épitre, c'est-à-
dire à gauche, « un sainct François en habit de capuchin,
tenant en ses mains un cœur percé de deux flèches d'où
[sortait] une flamme ». Les cinq figures étaient en terre
cuite. Huit autres anges dont on dit simplement qu'ils
« seront faictz comme ils paroissent sur le dessin », complé-
taient la décoration de cette œuvre. L'artisan qui l'exécuta,
s'engagea à l'avoir achevée et mise en place, le 1er mars
1651, « moyennant la somme de quatorze cents livres »,
encore promit-il d'ajouter au retable un « crucify de bois

de noyer avec la croix, le d. crucify bien et dûment estofé,
de la hauteur de cinq pieds » (1).

Ce travail était terminé depuis un an, quand, en 1652 (2),
on fit construire par René Garrouis, maçon, la sacristie
actuelle dont la charpente fut montée par Etienne Courbron,
charpentier. De cette époque jusqu'à la Révolution, l'église,
sauf pour le clocher qui eut besoin d'être recouvert en 1783,
ne fut l'objet d'aucune réfection importante (3).

(1) Contrat passé le 5 septembre 1649. Titre papier. N. Mérillon fut secondé par un autre artiste, J. Le Tort, ainsi qu'il résulte de l'acte suivant :
« Item, requiert luy estre alloué la somme de   pour le salaire
du notaire qui auroit atesté unze acte dont les copies sont attachées
ensemble,.... la seconde contenant le descharge baillée par les habitants
à mᵉ Jacques le Tort, sculpteur, pour la faczon de la menuiserie de l'autel,
en dabte du 22ᵉ jour de may 1653..... la septiesme contenant le marché
et accord fait avec Louis Nochet mᵉ couvreur pour couvrir la sacristie en
date du 8 octobre 1652, la huitiesme contenant la descharge baillée à
maistre Noël Mérillon, sculpteur, pour les figures et façon de l'autel, en
dabte du 3ᵉ novembre 1652. » Comptes de 1651-53.
(2) « Item, requiert luy estre alloué la somme de quatorze livres douze
sols qu'il auroit baillée à René Garrouis masson pour avoir travaillé à la
sacristie ainsi qu'il apert par son acquit en dabte du seiziesme jour
d'octobre 1653.
Item, requiert luy estre alloué la somme de sept vingt dix livres qu'il
auroit baillée à mᵉ Estienne Courbron, cherpentier qui auroit fait et
fourny la cherpente de la sacristie ainsy qu'il fut accordé avec luy et qu'il
apert par son acquit du quinziesme jour de juin 1653.
Item, requiert lui estre alloué la somme de dix sols qu'il auroit baillée à
deffunct Vincent Morin pour la teinture du drap qui est devant le tableau
du grand autel, 10 s.
Item, requiert lui estre alloué la somme de vingt cinq sols qu'il auroit
baillée à Michel Péan, hoste, pour de la despense faite aux chartiers qui
amenèrent les figures du Mans, 25 s.
Item, requiert luy estre alloué la somme de quinze livres t. qu'il auroit
baillée à Anthoigné pour ung cent et demy de fer qui a servi à faire la
grille de la sacristie, 15 l.
Item, requiert luy estre alloué la somme de trente et quatre livres quatre
sols qu'il auroit baillée à François Digeon pour trente et huit charretées
de pierre qu'il auroit vendue pour faire la sacristie ainsy qu'il appert par
son acquit du 4ᵉ jour de septembre 1652, 34 l. 4 s.
(3) Mémoire et quittance fournis le 27 octobre 1783 par R. Pichon,
couvreur, à mᵗʳᵉ Paulpré, procureur fabricier, attestant qu'il a reçu de ce

Sur le côté droit de cet édifice, on en trouvait l'annexe, le cimetière, dont l'entretien incombait à la fabrique. Il était très probablement clos par une haie, et l'on y accédait par une porte en bois qui fut refaite en 1633 (1). On y avait élevé en 1495 (2), une grande croix, dite « croix boessée », restaurée en 1508 (3), à laquelle fut substitué, en 1543 (4), un nouveau monument réparé en 1634 (5).

Ceux qui s'appliquaient à tenir l'église en bon état, veillaient aussi à la pourvoir d'un mobilier convenable.

dernier, 92 l. 17 s. pour travaux exécutés sur le clocher. Titre papier.

Quittance de 118 l. 15 fournie par J. Derouin couvreur, pour travaux exécutés au clocher de l'église de Congé en 1755. Titre papier.

(1) « Item, requiert qui luy soit alloué la somme de treze livres huict sols qu'il avoit payée à Jehan Chauvin, menuysier, demeurant aud. Congé qui luy a esté accordée par aucuns desd. paroissiens pour avoir faict et fourny d'une porte neufve, serreure, penteure, gonds et clefs à icelle porte, fait et fourny d'une barrière neuve, estant le tout aud. cimetière...» Comptes de 1633-1634.

(2) « Item, fut marchandé à René Toully, maczon, pour faire une croix de pierre ou cymetière dud. lieu pour laquelle faire il fournissait de pierre chaulx et sablon et luy fut promis pour poye et despens la somme de cent dix sols et deux boisseaux de froment.

« Item, fut poyé par led. procureur pour la despense des charretiers qui allèrent quérir la pierre de lad. croix à la perrière à Ballon, la somme de xi s. vi d. » Comptes de 1495.

(3) « A Guillaume Mozé, maczon, a esté poyé deux soubz six deniers t. pour paye et despens de avoir rabillé la croix boessée. » Comptes de 1508. Ce nom de *croix boessée* vient peut-être de l'usage qu'observent encore les fidèles, en certaines paroisses, d'attacher à cette croix, le dimanche des Rameaux, des tiges de buis bénit au commencement de l'office de ce jour.

(4) « Item, le dymenche de davant Pasques fleurye led. procureur en présence de plusieurs des paroissiens de lad. paroisse, marchanda avec Gilles Esguillon, masson, pour reffaire la croix bouessée et cousta aud. procureur, xx d.

« Item, poyé par led. procureur aud. Esguillon pour la façon de lad. croix, xxx s. Comptes de 1543.

(5) « Item, requiert que luy soit alloué la somme de trois livres dix sols qu'il auroit payée à M⁰ Fortin et à Jullian Launay, massons, pour leur sallaire d'avoir racommodé la grande croix du petit cimetière de ce lieu...» Comptes de 1634-35.

Néanmoins il fallait compter avec les revenus. Au XVe siècle, alors que la fortune publique n'avait pas eu le temps de se reconstituer, on employait pour les vases sacrés le métal le plus vulgaire. Passe encore pour la tasse d'étain dont on se servait pour puiser dans les fonts baptismaux l'eau que l'on versait sur la tête des nouveau-nés (1), mais longtemps, les calices ne furent pas d'une matière plus précieuse. Ce fut seulement en 1555, que l'on acheta pour « la somme de quatre-vingt-doze livres tournois.... le calice d'argent doré (2) ». En 1638, on fit acquisition d'un ciboire et d'un ostensoir (3).

On se munit plus rapidement d'ornements et de linge d'église. Les objets qui étaient d'un emploi journalier, tels que les aubes et les surplis, étaient façonnés par les ouvrières de la paroisse. En 1510, un brodeur, Michel Deue, livra un ornement complet pour la somme de quarante livres (4). En 1535, le procureur de la fabrique en acheta un second à Paris ; le marchand l'apporta jusqu'à Mamers (5).

(1) « Item, pour une tasse d'estaing servant aux fons à prendre l'eau l'eau beniste, ii s. » Comptes de 1495.

(2) « Item, led. jour fut enjoinct par led. doien aud. procureur qu'il acheptast un calice d'estain ce que feist led. procureur, lequel calice cousta aud. procureur la somme de xii s. vi d. t. oultre le viel calice d'estain que led. procureur feist de retour. » Comptes de 1541.

« Item, led. procureur a baillé et poyé la somme de quatre vingt doze livres tournois pour le calice d'argent doré qui a esté achapté pour servir à lad. église, iiiixxxii l. » Comptes de 1555.

(3) « Item, requiert qui luy soit alloué la somme de six vingt huit livres dix sols qu'il auroit baillée aud. sieur curé pour avoir eu le sainct cyboire et soulail qui sont en lad. esglise... » Comptes de 1638-39.

(4) « Item, pour la faczon desd. ornemens a payé à Michel Deue, brodeur, la somme de quarante livres tournois ainsy qu'il est contenu ou marché sur ce fait et passé, xl l. » Comptes de 1510.

(5) « Item, en lad. année du présent compte (1535) led. procureur a achapté à Paris une chappe et deux tunicques de satin blanc garnys d'une estolle et deux fannons pour servir en lad. église de Congé et luy ont cousté en lad. ville de Paris, xxvii l. x s. »

« Item, luy a cousté et poyé le serviteur du marchant qui les porta de sur le pont Nostre Dame jusques au logis du procureur, xii d. »

« Item, poyé aux marchans qui ont aporté et amené lesd. chappe et

L'année suivante, on alla chercher deux parements d'autel à la foire de Guibray (1). C'est de là, peut-être, que vint « une aulne et demye de velours cramoisy pour faire une robe à l'imaige de Notre-Dame (2) ». En 1549, ce furent les marchands du Mans qui fournirent « des draps de soie » et « troys aulnes et demye de veloux (3) », pour façonner une chasuble, dont la broderie d'or revint à elle seule à vingt-deux livres. Une autre chasuble de damas blanc fut acquise, en 1556, pour trente-six livres (4). Un brodeur de Mamers, Jehan le Mareschal, restaura, en 1596, tous les ornements, moyennant quarante et une livres six sols (5). « Une chapelle d'ornemens de damas, figures de couleur incarnat », coûta, en 1617, deux cent trois livres (6).

tunicques dud. Paris jusques au lieu de Mamers, x s. » Comptes de 1535.

(1) « Item, led. procureur a achapté..... deux paremens d'autel pour servir à lad, eglise et luy ont cousté xxxv s. »

« Item, pour le sallaire du procureur d'avoir acheté lesd. deux paremens et iceulx apportez dud. Guybray, pour ce, v s. » Comptes de 1536. Guibray, faubourg de Falaise (Calvados).

(2) « Item, led. procureur a achepté une aulne et demye de veloux cramoisy pour faire une robe à l'imaige de Notre Dame, pour ce x l. x s. » Comptes de 1536.

(3) « Item, led. procureur alla au lieu et ville du Mans en la compagnie de monsʳ le vicaire dud. Congé pour achapter des draps de soye pour faire les ornemens de l'église auquel jour fut achapté troys aulnes et demye de veloux pour faire la chasuble de lad. église, lequel veloux cousta sept livres tournois l'aune qui est en somme vingt quatre livres dix sols, pour ce, xxiiii l. x s. »

« Item, lesd. vicaire et procureur retournèrent par une autre fois aud. lieu du Mans pour achapter du damas pour faire la chappe neufve parce qu'il n'y en avoit quant ils y furent la première foys auquel jour en fut achapté cinq aulnes et demye chacune aulne vallant quatre livres tourn. qui est en somme vingt-deux livres et par le marché fait, le bougrain pour doubler lad. chappe ne couste rien, pour ce, xxii l. » Comptes de 1549.

(4) « Item, poyé par led. procureur la somme de trente six livres tournois pour une chasuble de damas blanc, pour ce, xxxvi l. » Comptes de 1556.

(5) « Item, led. procureur a poyé à Jehan Le Mareschal de Mamers, brodeur, la somme de quarante et une livres six sols pour son sallaire d'avoir raccommodé les ornemens de l'église dud. Congé, pour ce, xli l. vi s. » Comptes de 1596-97.

(6) « Item, requiert led. rendant compte luy estre alloué la somme de

Dès 1519, on s'était pourvu d'un dais (1) ; deux bannières furent achetées, l'une, en 1517 (2), l'autre, en 1543 (3).

On tendait alors au-dessus des autels ce que l'on appelait des courtines, qui répondaient à ce que nous nommerions un ciel de lit. Il en fut établi une dans l'église de Congé, en 1517 ; on la renouvela en 1571 et en 1637 (4).

Les livres furent longtemps un objet de luxe ; cela nous explique les dépenses auxquelles les paroissiens étaient entraînés. En 1499, ils commandaient « à un escripvain » un légendaire, pour « la somme de vingt livres et une charge de

deux cens troys livres t. qu'il auroit poyez pour avoir une chappelle d'ornemens de damas figures de coulleur rouge incarnat prix faict à lad. somme présens vénérable et discret maistre Estienne Gasnier, pbre, curé dud. Congé, Loys Veraquin s^r de la Mautonnière ?...... » Comptes de 1617.

(1) « Pour le vitrier, pour avoir nestoyé les vitres de led. église et pour avoir planté la vittre au grand autel et pour rasoir lad. vittre et pour paindre un paillier pour servir le (jour) du sacre à couvrir le précieux corps de Nostre Seigneur, en compte, VI l. X s. »

Item, pour un drap qui fut achetté de Pierre Rouyer pour faire led. paillier, VI s.

Item, pour la peinture fasson et batons dud. paillier et aussi pour les despens, XXIIII s. Comptes de 1519.

(2) Voir ci-après, la note 4.

(3) « Item, poyé par led. procureur la somme de dix neuf livres deux sols t. pour la bannyere de damas rouge de lad. église qui a esté achaptée au Mans par le voulloyr des paroissiens, pour ce, XIX l. II s.

Item, payé deux sols pour le vin du varlet du brodeur qui a faict lad. bannyere..... » Comptes de 1549.

(4) « Compte le procureur avoir baillé au brodeurs pour le ciel qui est desus le grant autel et pour l'enseigne, XXVI l.

Item, a baillé au menuisier qui a fait la karye où est pendu led. ciel, II s. VI d.

Item, pour les cordes qui sont à pendre led. ciel, XVI l. » Comptes de 1517.

« Item, a poyé led. procureur, au brodeur qui a faict et vendu lad. courtine, la somme de trente livres neuf sols t. » Comptes de 1571.

« Item, requiert qui luy soit alloué la somme de treze livres douze sols qu'il auroyt payé au s^r des Fougeray, marchand grossier, demeurant au Mans, pour huict aulnes de futaine de couleur, figurée de rouge et blanc pour faire la courtine qui est à present sur le grand hostel...... » Comptes de 1637-38.

mestail ». En 1501, le procureur baillait « huit boisseaux dud. mestail » au libraire nommé Cohin, auquel il avait marchandé de faire un « légendier ». En 1503, un nommé Regouyn s'engage à fournir, moyennant vingt et une livres, « un grel (graduel) avecques les antiennes et respons des vingt-quatre dimanches de l'an et du karesme ». Il revient le corriger sur place, en 1505. C'est en 1511 (1), que la fabrique se pourvoit pour la première fois d'un missel imprimé, et les prix baissent immédiatement. « Un antiphonier en deux volumes ferrez et acoustrez » coûte sept livres, en 1530 ; un psautier, trente sols, en 1535 ; un bréviaire légendier, soixante-sept sols, en 1557 ; un processionnal, vingt sols, en 1570.

Le mobilier proprement dit se composait d'objets de nature très diverse. Signalons en passant les fers à hostie qui nous montrent, fabriqués sur place, les pains d'autel dont les prêtres se servaient (2). Pour le surplus, nous indiquerons rapidement, en suivant l'ordre chronologique, de quelle manière l'église fut meublée. On éleva en 1503, sur l'un des tirants qui soutiennent le lambris, le groupe du crucifiement comprenant un Christ cloué à la croix et accosté à droite et à gauche des statues de la Vierge et de saint Jean (3). En 1518, on plaça dans le chœur, un pupitre dont la menuiserie fut complétée, en 1535 (4). Deux béni-

(1) « Item, pour le payement de ung mysael neuf de papier escript en notte pour dire la messe et servir à lad. église, XXX s. » Comptes de 1511.

(2) « Item, pour une paire de fers achatez à faire le pain à chanter pour la paroisse pour ce, XXXV s. » Comptes de 1511.

(3) « Item, compte led. procureur avoir poyé en despense en la présence de plusieurs des paroissiens de lad. paroisse comme il marchanda de faire deux ymaiges des deux coustez du crucifilz, II s. VIII d. » Comptes de 1503.

« Item, et oultre cousta aud. procureur pour paindre lesd. crucifilz et ymaiges, LX s.

« Item, quant l'on leva lesd. crucifilz et ymaiges pour led. ymaiger et ceulx qui aidèrent à les lever, en despense, VI s. » Comptes de 1503.

(4) « Item, poyé à Guillaume Martin, menuysier, qui a faict des bancs et sièges de menuyserie ou pulpitre de lad. église et oultre faict un pulpitre à mettre la librarye de lad. église, VII l. X s. » Comptes de 1535.

tiers furent posés en 1553 (1). Le confessionnal fut établi en 1637 (2) ; jusqu'à cette époque, le pénitent en était réduit à s'agenouiller près du confesseur dont aucune clôture ne le séparait. La chaire date de 1648. Depuis 1610, la tour renfermait une horloge de fabrication fort défectueuse (3), à en juger par les réparations fréquentes qu'elle exigea.

On s'étonnera peut-être de ne point voir ici mentionné l'établissement des bancs ou des sièges de l'église. C'est que là où ces meubles existaient, ils étaient posés aux frais de ceux qui en jouissaient, et, dans les paroisses rurales, tous ne se donnaient pas ce luxe (4).

Si, sur ce point, la simplicité était en quelque sorte générale, il y en avait un autre où, tout au contraire, chaque paroisse se piquait d'émulation ; c'était à qui aurait la plus belle sonnerie. Pour y arriver, il n'y avait dépenses lourdes et répétées que l'on ne s'imposât, à Congé comme ailleurs. De 1493 à 1558, on y renouvela quatre fois les cloches. Ordinairement l'opération se faisait sur place. Une seule fois, la fonte eut lieu chez un fondeur du Mans, Roulin Gallopin (5).

(1) « Item, pour deux benoistiers de pierre de hertray que led. procureur a achatez et faict faire pour servir à l'église, c s. Comptes de 1553.

(2) « Item, requiert qui luy soit alloué la somme de trente troys livres qu'il auroyt payé aud. Chauvin, menuysier,.... pour avoir aussi fourny led. confessionnaire ainsy que l'on avoit marchandé... » Comptes de 1637-38.

« Item, pour troys chaires de boays achatées de Pierre Maignen à meptre en l'église asoir les gens d'église à confesser les gens, pour ce, XVIII s. » Comptes de 1509.

(3) « Item, poyé en d'espense lors que led. procureur a marchandé à faire une orloge par l'advis et consentement desd. paroissiens, à sonner sur une des cloches en lad. église dud. Congé, la somme de XLV s. » Comptes de 1610-11.

(4) On conserve encore aux archives de la fabrique de Congé, une ordonnance relative à l'établissement de ces bancs, rendue, le 23 septembre 1643, par le grand archidiacre de l'église du Mans, et par laquelle il décida que ceux qui avaient établi ces bancs devaient payer une redevance à la fabrique. Jamais cependant, il n'en est question dans le chapitre des recettes.

(5) « Item, en faisant le marché de fondre la cloche dud. lieu de Congé,

Habituellement, le fondeur, ayant fait marché avec les paroissiens (1), s'établissait dans une hôtellerie du village, et secondé par les ouvriers qu'il amenait avec lui, procédait à la fonte de l'objet dont le poids avait été soigneusement déterminé d'avance. Il arrivait parfois au dernier moment que, poussé par la gloriole de clocher, on se déterminait à en augmenter le volume et la pesanteur. Ainsi, en 1558, sur une observation faite par l'archidiacre (2) dans l'une de ses visites, que pour une paroisse telle que celle de Congé, la sonnerie n'avait pas assez d'importance, on avait résolu de briser la plus petite des cloches pour en utiliser le métal

fut despendu par led. procureur et Roullin Gallopin et Michel de Montoté et autres. la somme de, XX d. »

Item, a poyé aud. Roulin Gallopin, saintier? comme appert par quittance, la somme de cinquante livres tournois, L l.

Item, led. procureur est allé par ung jour pour fere mener lad. cloche au Mans pour ce, en paye et despens, V s. VI d.

Item, à Loys Cabaret qui amena lad. petite cloche de Congé au Mans pour la fondre, et a ramené la première cloche pour ce, en paye et despens, XII s. VI d.

Item, pour Jehan Leboulleurs qui ramena la première cloche neufve au Mans et a ramené l'autre, pour ce en paye et despens, X s. » Comptes de 1511.

(1) « A poyé led. procureur, en vin de marché, quand les paroissiens marchandèrent avec celuy qui a fait icelle cloche, VIII s. VI d. » Comptes de 1493.

« Item, en l'an du présent compte (1541) led. procureur avecques plusieurs des paroissiens de lad. paroisse, marchanda avec les fondeurs pour refaire la cloche laquelle estoit cassée et convint aud. procureur fournir lesd. fondeurs de toute matière nécessaire comme après s'ensuit. »

(2) « Et pour ce que la paroisse est de grande estendue et qu'il n'y avoit que deux cloches non suffisantes, fut par l'archediacre... en présence de plusieurs des paroissiens enjoinct aud. procureur moderne qui estoyt Loys Péan fayre fayre une plus grosse cloche que l'une des deux y estant ou ycelle augmenter, obéissant à quoy et veu lad. injonction, ensemble le consentement des paroissiens qui aussi l'ont accordé, voullu et consenty, en vertu du pouvoir a luy donné, a esté par le procureur faict fayre une grosse cloche laquelle a esté marchandée à fayre par led. procureur et paroissiens à ung nomme Georges de Foule, fondeur, à la somme de dix sept livres dix sols pour sa peine et sallaire, pour ce, XVII l. X s. » Comptes de 1558-59.

dans la refonte d'une plus grosse cloche. Quand elle fut descendue du beffroi, le remords prit les paroissiens, ils décidèrent de l'y replacer, et l'on alla se pourvoir au Mans de cuivre et d'étain (1).

Ces matières amenées, le fondeur se mettait à l'œuvre ; on l'approvisionnait de tout ce qui lui était nécessaire pour établir son fourneau, pour façonner son moule. Nos comptes, à ce sujet, entrent dans les détails les plus infimes (2). Le

(1) « Item, pour le coust des cinq cens cinquante livres de métal, CX l.

« Item, pour le charroy dud. métal luy a cousté, XXV s.

« Item, et pour ce que par lad. obligacion passée par led. Hercé, estoyt dict qu'ilz ne feroyent que augmenter l'une desd. cloches, fut... de l'advys et consentement desd. paroissiens que ils ne feroient poinct rompre ne casser l'une de leursd. cloches qui est la plus petite, nonobstant qu'elle fut descendue.... et qu'ils vouloient que led. procureur la feist remonster et racoustrer en son premier estat et lieu, et achapter encores du métal jusqu'au nombre de troys cens et demy, qui est en nombre de neuf cens, obéissant à quoy iceluy procureur avoyt envoyé le fils dud. fondeur jusques en la ville du Mans pour savoir s'il pourroit encore recouvrer led. nombre susdit de métal... a cousté, X s.

» Item, pour la journée dud. procureur, du huitiesme jour de mars Vᶜ cinquante sept, qu'il se transporta exprès à cheval de sa maison jusques en la ville du Mans acompagné d'un homme de pié pour achapter led. nombre de trois cens cinquante livres de métal dud. Chaudronnier, marchant, pour ce, XXII s. VI d. » Comptes de 1558.

(2) « Et premyer, demye livre de chandelle que led. procureur bailla auxd. fondeurs pour veoir besongner au soir et au matin, pour ce, X d.

» Item, pour un jour de hernoys qui amena de la terre pour faire le moulle de lad. cloche et le fournaise pour la fondre, pour ce, VII s. VI d.

» Item, poyé à Maleffre quinze d. pour avoir amassé des crotes de cheval pour aider à faire le moulle de lad. cloche, pour ce, XV d.

» Item, vingt deniers pour deux livres de bourre pour mectre aud. moulle, XX d.

» Item, poyé pour six livres de suif à Guillaume Péan et à Jehan Moullay, pour servir aud. moulle, pour ce, IX s.

» Item, troys deniers au petit Royer pour estre allé quérir ung bouesseau de cendres chez Jehan Bataille pour mettre aud. moulle, III d.

» Item, après que lad. cloche fut marchandée, led. procureur alla à Saint-Mars pour emprunter le noiau du moulle pour faire lad. cloche et les chaires à mettre sous les souffletz pour fondre lad. cloche.... III s. IIII d.

» Item, poyé deux sols six d. pour ceulx qui firent la fosse pour enterrer led. moulle II s. VI d. » Comptes de 1541.

jour de la fonte une messe était dite, pour en assurer le succès. Retirée du moule, la cloche était bénite (1), puis montée dans la tour par une escouade d'ouvriers qui, leur travail terminé, se rendaient dans une hôtellerie où, manœuvres, procureur et notables de la paroisse, festoyaient aux dépens de la fabrique (2).

Celle-ci supportait généralement tous les frais de l'entreprise, et nous n'avons observé qu'une seule circonstance en laquelle de généreux donateurs vinrent à son aide (3).

Les accidents dans la sonnerie devaient être fréquents ; s'il en avait été autrement, on n'aurait pas recommencé à des intervalles aussi rapprochés les uns des autres, une opération fort onéreuse. Pendant le XVIIe siècle, il ne fut pas nécessaire d'y avoir recours, mais, durant le XVIIIe, il y eut quatre fontes de cloches, la première, en 1725 (4), la

---

(1) « Item, à poyé led. procureur, II s. VI d. pour une messe qu'il fist dire le jour de la fonte de lad. cloche et par l'ordonnance des paroissiens, pour ce, II s. VI d. » Comptes de 1493.

« Item, a poyé led. procureur à ceulx qui tirèrent de terre lad. cloche, II s. VI d.

» Item, a poyé led. procureur es despence aux prestres et paroissiens le jour que lad. cloche fut béniste, VII s. » Comptes de 1493.

(2) « Item, à soupper, celui jour pour le soupper dud. fondeur, de son varlet et de Macé Boutier qui besongnaient à l'esseul de lad. cloche, fut payé, III s. »

« Item, en despens quant lad. cloche fut montée, II s. VIII d. » Comptes de 1493.

« Item, a cousté aud. procureur en despence faicte par aulcuns desd. paroissiens et fondeur après avoir lad. cloche esté béniste et y avoir faict les solemnitez requises, la somme de XX s. » Comptes de 1558.

(3) « Le procureur a receu de Monsr de Thouars, de deffuncte damoyselle Guillemette Du Bouchet, sa mère, et de plusieurs des paroissiens la somme de IIII l. XIX s. X d. pour aider à subvenir aux mises qui se feroient à l'occasion de la fonte de lad. cloche ainsy qu'il peut apparoir en ung feuillet de papier, pour ce, icy en recepte, IIII l. XIX s. X d. » Comptes de 1493.

(4) Cf. Registres de l'état civil. Baptême de la grosse cloche, nommée Marie-Louise, par Pierre-Christophe Yvon et Marguerite Yvon.

seconde, en 1744 (1), la troisième, en 1775 (2), la dernière enfin, en 1791 (3).

Pour être complet dans l'exposé que nous venons de faire des dépenses qui grevaient le budget de la fabrique, il nous faut aussi mentionner, d'une part, celles que causaient les services célébrés à l'intention des bienfaiteurs de l'église (4) ; les allocations payées à l'occasion de certaines cérémonies extraordinaires (5) ; les honoraires de l'archidiacre et du doyen pour leurs visites annuelles ; ceux du prédicateur et

(1) « Je soussigné François Decharme maistre fondeur de cloche de la résidence de Breuvanne sous Choiseul, évêché de Langres, province de Lorraine, de présent en la paroisse de Congé sur Orne, reconnois, avoue et confesse avoir reçu 1⁰ de Louis Coupvent procureur de la fabrique dud. Congé en 1742, la somme de soixante livres d'un côté ; 2⁰ avoir reçu de l'autre, savoir de Mᵉ René Denis, procureur actuel en charge la somme de quarante trois livres quinze sols faisant les deux sommes ensemble au total celle de cent trois livres quinze sols dont je tiens led. Coupvent et Denis avec tous autres absolument quittes, et la cloche que j'ai fondue se trouvoit pesante avant que la fondre de six cent vingt une livres et demie sur lesquelles il faut diminuer trois livres, reste au total six cent dix huit livres et mie et aiant été refondu par moy mᵉ fondeur susdit et soussigné, lad. cloche étant pesée de nouveau, elle s'est trouvée diminuée de vingt et une livres faisant la somme de vingt six livres cinq sols que j'ay diminuée sur la somme que je l'avois marchandé de fasson qu'il m'a esté restant dû que la somme que lesd. deux procureurs viennent de me payer dont je les tiens de rechef et tout autre quittes savoir de la somme de cent trois livres quinze sols en foy de quoy j'ay signé volontairement le présent, sauve aux deux dits procureurs de s'en faire tenir compte ; le deux may mil sept cent quarante quatre. Decharme. » Titre papier.

(2) Cf. Registres de l'état civil de Congé ; baptême de deux cloches, le 12 août 1775, nommées, l'une, Marie, l'autre, Marie-Madeleine.

(3) Cf. Registres de l'état civil de Congé ; baptême de la grosse cloche, nommée Marie, le 7 septembre 1791.

(4) Parmi les services ainsi célébrés au XVIIᵉ siècle, nous pouvons citer ceux qui l'étaient pour Françoise Le Boulleur, Jean Martin, Françoise de la Lande, Pierre Heslouin, Etienne Hervé et Marie Dutertre ; ils étaient rangés parfois dans les comptes, sous une rubrique spéciale.

(5) « Item, requiert qui luy soit alloué   sols pour des vivres que l'on a baillé à ceulx qui sonnèrent après les déceds tant de notre deffunct Roy que de monseigneur le marquis de Lavardin et de madame la marquise de Jargé. » Comptes de 1640-44. »

du sacriste (1), et, à partir du XVIIIe siècle, un modeste
traitement servi au vicaire (2), et de l'autre, celles qu'impo-
sait la fourniture des objets de consommation nécessaires à
l'exercice du culte. Parmi ces dernières, les plus considé-
rables provenaient de l'achat de la cire (3) dont un ouvrier,
requis dans ce but, façonnait le luminaire de l'église, sous
la surveillance du procureur de fabrique. A partir du XVIIe
siècle, on se pourvut directement chez un ciergier. Le pain
azyme dont on se sert pour l'oblation du Saint-Sacrifice
et pour communier les fidèles, était, nous l'avons dit,
façonné sur place (4). Ceux qui remplissaient leur devoir
pascal, c'est-à-dire la généralité des paroissiens, recevaient,
après la communion, une part indéterminée de pain bénit et

(1) Il ne les recevait qu'à l'occasion de certains services rendus à l'église,
par exemple, pour son assistance aux services. Il fut longtemps chargé
du soin de l'horloge. Les honoraires de l'archidiacre, du doyen, après avoir
été de cinq sols, au XVe siècle, s'élevèrent d'abord à dix, puis à vingt sols.

(2) « Je prêtre, vicaire de Congé, soussigné, reconnois avoir reçu de
maître Michel Cabaret, fermier et procureur de fabrique de cette paroisse
la somme de cinquante livres qui m'ont été accordées de Mr Courvarain,
curé et des habitants pour honoraires en qualité de vicaire........ ce six
apvril mil sept cent cinquante cinq. L. J. Chauvin. » Titre papier. Depuis
l'an 1702, la fabrique possédait une maison, léguée par Godefroy Thibault,
prêtre, le 20 septembre de l'année précitée, pour servir de logement au
vicaire.

(3) « Item, pour neuf livres de cire prestresse qui a cousté chacune livre
quatre soubz quatre deniers et pour six livres de cire neufve qui a cousté
cinq soubz et demie la livre. »

Item, en a esté trouvé es souches de lad. esglise de veille cire, treize
livres qui est en somme vingt et huit livres et demie ; la première a esté
employée en deux torches et le demourant de lad. cire à faire les cierges
pour la feste de Pasques.

Item, pour une livre de fil à faire led. luminaire, XII d.

Item, pour la paine du ciergier d'avoir employé lesd. vingt et huit livres
et demye de cire et pour ce, en compte VII s.

Item, compte led. procureur pour avoir aidé à faire le luminaire et pour
le feu et huylle..,. » Comptes de 1513-16.

(4) « Item, poyé pour ung quarteron de froment achaté par led. procureur pour faire des hosties à communier le peuple au jour de Pasques l'an
de ce compte, poya XVIII d. » Comptes de 1488.

de vin, achetés par le procureur de fabrique (1). Il faisait également les frais des saintes huiles pour l'administration du sacrement d'Extrême-Onction, de l'huile qui brûlait dans une lampe devant le tabernacle (2), et même des matières dont on usait pour blanchir le linge de l'église (3).

§ IV⁰

LE CLERGÉ DE LA PAROISSE

Il est assez naturel, après avoir décrit l'organisation et le fonctionnement de la fabrique, de dire quelques mots de ceux qui dirigèrent la paroisse au spirituel. Nous serons bref et pour cause. La cure de Congé était un bénéfice avantageux, pourvu, au XVIII⁰ siècle, de mil sept cents livres de rente, et dont la collation appartenait à l'évêque (4). Ceux qui en furent investis, se contentèrent longtemps d'en percevoir les revenus, abandonnant à un vicaire qu'ils rétribuaient, le soin des âmes qui leur étaient directement con-

(1) « Item, a poyé led. procureur pour deux pintes et choppines de vin avec troys fouaces achatées au jour de Pasqùes l'an de ce compte, pour acommunier les fidèles, XVIII d. » Comptes de 1495.

« Item, pour six fouasses achatées à faire benoister la vigille de Pasques pour dispenser à ceulx qui receupvront le corps de Jesus Christ, XII d. » Comptes de 1508.

(2) « Item, led. procureur a acheté une pinte d'huylle qu'il a baillée pour fournir la lampe, oultre une pinte qu'il a receue des héritiers de Raoullet Pillart, pour ce, III s. » Comptes de 1530.

» Item, requiert ledict rendant compte luy estre alloué la somme de trente et une livre pour le luminaire des fanbereaulx et que pour de la cire jaune, blanche, verte et rouge que pour de l'estain à faire faire les gros cierges, le tout suyvant l'acquit et mémoyre qu'il en a retiré de Pierre Le Blay, sieur de Mauconsail, ciergier, pour ce, XXXI l. Comptes de 1627.

(3) « Item, paié deux sols six deniers pour un carteron de savon qu'il a achapté pour blanchir les aubes et linges de lad. église. » Comptes de 1623-34.

(4) Cf. *Pouillé du diocèse du Mans*, ms.

fiées. Nous avons parcouru tous les comptes, rendus au XVI⁰ siècle, sans jamais voir mentionné le nom d'un seul curé, sans que rien témoigne de son action personnelle. Ce n'est pas devant lui, mais devant les vicaires que les procureurs comparaissent ; ce n'est pas son avis, c'est celui du vicaire que l'on sollicite, quand on se dispose à acheter quelque ornement d'église. A partir du premier quart du XVII⁰ siècle, il n'en va plus ainsi, et le pasteur de la paroisse reprend alors la place à laquelle il a droit, il remplit les fonctions dont il n'aurait dû se décharger sur personne, si ce n'est par intérim.

Le premier qui nous soit connu, vivait à la fin du XI⁰ siècle ; il se nommait Raoul (1). Il figure comme témoin dans un acte relatif à l'église de Dangeul. On arrive ensuite à l'année 1277, avant d'en retrouver un second. Ce dernier portait le nom de Nicolas (2). Il prit à bail, moyennant une rente annuelle de quatre livres mancelles, la part des dîmes que le chapitre Saint-Julien du Mans avait droit de percevoir en sa paroisse. S'il en est parmi leurs successeurs un trop grand nombre qui, faute d'avoir résidé dans la paroisse, n'y ont laissé aucun souvenir, tous cependant ne furent point taillés sur le même modèle. Il y en eut deux, au XV⁰ siècle, qui laissèrent, au moins après leur mort, des preuves palpables de l'intérêt qu'ils portaient à leurs ouailles. L'un d'eux, Michel Patry, était probablement originaire de Congé. Il y mourut, le 18 octobre 1453 (3). Il avait, de son vivant, réalisé

---

(1) Cf. *Cartulaire de l'abbaye Saint-Vincent du Mans*, charte 739.

(2) Cf. *Liber albus capituli*, charte DXXV.

(3)   *« Son enterraige et son service*
           Fut fait la journée saint Lucas
           A celuy iour fut son trespas
           L'an mil CCCC cinquante troys
           Luy et nous après cely pas
           Puisson estre o le roy des Roys. Amen. »

Ce sont les six derniers vers d'une inscription qui en contient quarante-quatre ; elle fut placée d'abord dans le chœur de l'église, (voir plus haut

plusieurs fondations en faveur de ses successeurs, à la charge pour eux, de célébrer de concert avec les curés de Ponthouin, de Lucé-sous-Ballon, de Dissé-sous-Ballon, et de Nouans, divers services religieux, à son intention. Le sacriste et la fabrique ne furent point oubliés, aussi, par reconnaissance, ce nous semble, autant que pour en conserver le souvenir, fit-on graver sur pierre et placer dans l'église une inscription qui s'y trouve encore, et à laquelle nous devons de connaître tous ces faits. Pierre Hellouyn, mort en 1499 (1), légua également à la fabrique, une somme de cent livres.

Pendant tout le XVIe siècle, il n'y eut que des curés commendataires. En 1555, Jean Colombu, titulaire de la cure de Congé, en fit échange contre celle de Lignières-la-Carelle (2), avec Jean du Gué qui, outre ce dernier bénéfice, possédait également une prébende du chapitre Saint-Julien du Mans. Le 2 septembre 1586, Jean Hastet fut nommé par Nicolas Crestot, vicaire général de l'évêque du Mans, curé de Congé, et il se fit reconnaître en cette qualité, par un procureur, le 9 octobre suivant (3). En l'absence du pasteur de la paroisse, le service religieux y était assuré par des vicaires qui, circonstance singulière, étaient eux-mêmes parfois curés d'autres localités où ils ne résidaient pas, et dans lesquelles ils devaient déléguer à leur tour un représentant. Nous trouvons ainsi occupés à Congé, Jehan Lecourtays, en 1508 ; Julien Bruneau, en 1515 ; Michel Guyton, en 1542 ; Marin Thibault, en 1550 ; il se disait aussi en 1555, curé de Meurcé ; il était en 1560, curé de Saint-

---

p. 26, note 1) puis, elle a été reportée dans la chapelle dédiée à sainte Madeleine et construite en 1540.

(1) « Despense et mise faicte à l'occasion de cent livres t. que deffunct maistre Pierre Hellouyn, pbre, curé dud. lieu de Congé a donné à lad. fabrice à la charge de faire dire et célébrer par chacun an par le procureur d'icelle fabrice ung anniversaire et tout ainsi qu'il se peut apparoir par les lettres de ce faisant mention. » Comptes de 1499.

(2) Cf. 2e reg. des *Insinuations ecclésiastiques*, f° 99 v° et 143 r°,

(3) Cf. 18e reg. des *Insinuations ecclésiastiques*, f° 214 v°.

Jean-d'Assé et doyen de Beaumont ; Julien Fauldoyre, en 1570 ; Jehan Bouriot, en 1587 ; Etienne Ligot, en 1589 ; François Gallebrun, en 1591 ; Mathurin Gasnier, en 1611 ; Georges Hoyau, en 1630.

C'est à cette époque, en 1623, que nous retrouvons un curé fixé sur sa paroisse. Cet ecclésiastique, nommé Etienne Gasnier, choisit, d'accord avec ses paroisssiens, Jehan Fouchart, prêtre, pour sacriste. Il fut probablement remplacé par Guillaume Ferrecoq qui était en possession de sa charge, dès 1634. Il la garda jusqu'en 1651. Il eut pour successeur Jean Trottin qui résigna son bénéfice en 1654 (1), en faveur de Jean Buffet, lequel fut remplacé par Rolland Buffet, démissionnaire en 1695, au profit de Antoine Buffet. Ce dernier, décédé le 23 juin 1710, fut inhumé le lendemain, près de la croix boissée du cimetière, par Pierre Dreux, curé de Ballon (2). Il eut pour successeur Jacques Dathon, qui mourut en 1747 (3). Deux ans auparavant, il s'était démis de sa cure. Elle fut alors conférée à son vicaire, François Courvarain. Celui-ci l'administra jusqu'à sa mort, arrivée le 2 juin 1765 (4). Elle passa alors

(1) Cf. 28ᵉ reg. des *Insinuations ecclésiastiques*, fᵒ 488.
(2) Cf. Registres de l'état civil de Congé.
(3) Cf. Registres de l'état civil. J. Dathon fut inhumé dans le chœur de l'église.
(4) « Le trois juin mil sept cent soixante cinq par nous Jean Baptiste Dufay, curé de Saint-Martin de Dangeul a esté inhumé dans l'église de ce lieu le corps de vénérable et discret maistre François Courvarin, curé de cette paroisse, aimé généralement de tous ses confrères, regretté de tous ceux qui l'ont connu et pleuré des pauvres et riches pour les services et les charités qu'il avoit exercé envers eux, led. sieur curé âgé de quarante six ans, lad. sépulture en présence de Messieurs Marin Chaillou, curé de Nouans, Louis Chesneau, curé de Saint-Georges, François Poilvilain, doyen de Ballon et curé de Mézières, Julien Triquet, curé de Saint-Mars, Charles Chauvin, curé de Ponthouin, Jean-Baptiste Grouas, curé de Dissay, Jean Paumier, curé de Ballon, Bernard Le More, curé de Saint-Ouen, Jean Louis Paton, René Pierre Trion, René Briant, François Bigot, Jean Brifault, vicaires et René François Baissin, vicaire dud. Congé, Louise Triboste, mère dud. deffunt, Louis, Jean, Joseph et Michel Courvarin, ses frères et plusieurs autres parents et amis soussignés. »

aux mains de Jacques Hupier (1), puis de N. Lorcet, en 1770, et enfin de Pépin de la Courbe, en 1785. Ayant eu la faiblesse de prêter serment à la Constitution civile du clergé, il put, sans être trop inquiété, rester dans sa paroisse dans laquelle il remplit pendant quelque temps les fonctions d'officier civil.

Outre les vicaires qui continuèrent de venir en aide au curé, depuis l'époque où ils ne le suppléaient plus, il y avait à Congé d'autres clercs ayant reçu les saints ordres. Au XVIIe siècle, les fonctions de sacristain étaient encore remplies par un prêtre qui célébrait une messe matinale.

De plus, un chanoine du Mans, Gervais Goyet, de la famille de ce nom, qui possédait à Congé la terre des Chesnais, ayant fondé, en 1367, une chapellenie sous le vocable de sainte Madeleine, dans l'église de Congé (2), le titulaire de ce bénéfice, qui devait être l'un des parents du fondateur ou à son défaut, un clerc originaire de la paroisse, y résida parfois, quoique, légalement, il n'y fut pas assujetti.

(1) Cf. Registres de l'état civil. J. Hupier fut inhumé dans le chœur de l'église.

(2) « Item,... fundo et ordino aliam capellaniam in ecclesia beate Marie de Congeio ad cujus fundationem et dotationem deputo, dispono et ordino reditus in pecunia quos habeo in dicta parochia ita quod de redditibus et de prato et terris meis ubi moratur ad presens Laurentius Lecesne et aliis quos habeo, assignentur per executores meos de eisdem ad summam et valorem viginti librarum turonensium.... et ultra illam summam de dicta capellania ad usum capellani ejusdem vineas meas de Arquenge de quibus fit supra mentio, continentes circa quatuor quarteria, sita in parochia de Ebriaco Episcopi et volo quod habeat liberum accessum pressonerendi vindemiam illarum in pressonerio meo ubi moratur Johannes Heraut ; ultra hec etiam do dicte capellanie nemora mea quæ habeo apud locum vocatum la Boysanere tenenda et possidenda in perpetuum a capellano dicte capellanie... » Testament de Gervais Goyet. Titre papier. Copie du XVIe siècle. Archives de la fabrique de Congé.

Nous avons retrouvé les noms de quelques chapelains. En 1555, Anthoine Goyet qui, à sa mort, est remplacé par Maur Bougler. En 1591, Pierre Rousson, prêtre, en faveur de qui Michel Rousson avait démissionné. François Goyet, mort le 31 mai 1690, et auquel succéda Jacques Cuisnier.

Extrait de la Revue historique et archéologique du Maine

Tome XXXIX.